人工智能时代的
高职英语教学研究

陈诵弦◎著

中国华侨出版社
·北京·

图书在版编目(CIP)数据

人工智能时代的高职英语教学研究 / 陈涌弦著. --北京：中国华侨出版社, 2024.6
ISBN 978-7-5113-8018-0

Ⅰ.①人… Ⅱ.①陈… Ⅲ.①英语—教学研究—高等职业教育 Ⅳ.①H319.3

中国国家版本馆CIP数据核字(2024)第080578号

人工智能时代的高职英语教学研究

著　　者：陈涌弦
责任编辑：刘晓燕
封面设计：蓝　博
经　　销：新华书店
开　　本：710mm×1000mm　1/16开　　印张：12　　字数：210千字
印　　刷：廊坊市文峰档案印务有限公司
版　　次：2025年1月第1版
印　　次：2025年1月第1次印刷
书　　号：ISBN 978-7-5113-8018-0
定　　价：70.00元

中国华侨出版社　北京市朝阳区西坝河东里77号楼底商5号　邮编：100028
发 行 部：(010) 64443051　　　　　　　　传　真：(010) 64439708

如果发现印装质量问题，影响阅读，请与印刷厂联系调换。

前言 Preface

随着信息技术的迅猛发展，我们迈入5G时代。这不仅标志着高速网络的普及，而且随着互联网、人工智能、大数据和云计算等技术的崛起，我们生活的方方面面，尤其是教育领域发生了深刻的改变。

教育与新技术的深度融合已成为必然趋势。在这个变革的时代背景下，"人工智能+教育"正引领教育方式和手段的革新。这种结合使得个性化学习变得更加有针对性和创造性。通过语音识别技术、机器翻译以及语音测试等人工智能应用，语言教学迎来了前所未有的冲击和挑战，但与此同时也迎来外语教学改革的崭新机遇。

人工智能技术的引入使教育变得更加灵活和多样化。语音识别技术的广泛应用，让学生能够更直观地感受到语言的发音和语调，极大地提高了语言学习的效果。机器翻译的智能化则打破了语言之间的障碍，为学生提供了更广泛的语言交流空间。而语音测试的实施，则让学生能够通过技术手段更全面地评估自己的语言水平，为个性化学习提供了有力支持。然而，这些变革也给教育者和学习者提出新的要求。教育者需要不断更新自己的教学方法，善于运用新技术，引导学生更好地利用人工智能工具进行学习。学习者则需要适应新的学习环境，主动参与个性化学习，善于利用人工智能的优势进行自主提升。

《人工智能时代的高职英语教学研究》着眼于探讨人工智能技术对高职英语教学的影响及其在高职英语教学中的应用。本书首先回顾了人工智能的历史与发展，探讨了其特点及在教育领域的应用，强调了人工智能时代给教育带来的变革。然后聚焦于高职英语教学本身的特色与演变，以及人工智能技术对这一领域的影响。接着，探讨了高职英语教学模式的变革，突出了人工智能视角下的教学模式创新。然后理论联系实际，深入研究了人工智能技术在高职英语听力、口语、阅读、写作以及翻译教学方面的应用实践。第五章至第七章分别关注了教师信息素养发展、学生自主学习以及教学评价等重要议题，展示了人工智能时代背景下高职英语教学全面变革的全景图。本书旨在帮助读者更深入地理解人工智能技术如何改变和丰富高职英语教学，以及如何更好地应对这些变革所带来的挑战与机遇。

由于时间和能力所限，本书或许只是触及了人工智能这一技术宝藏的一角。但这并不妨碍笔者对未来充满信心，相信在众多专家、学者和教育工作者的共同努力下，人工智能将为语言教育带来更多可能，为学生创造更加丰富、有趣的学习体验。期待我们共同见证这个变革的发展，为教育事业注入更多的活力和创新力。

目录 Contents

第一章　人工智能时代 ··· 1
　第一节　人工智能的历史与发展 ··· 1
　第二节　人工智能特点与教育应用 ······································· 10
　第三节　人工智能时代的教育变革 ······································· 21

第二章　高职英语教学与人工智能 ······································· 28
　第一节　高职英语教学的内涵与特色 ···································· 28
　第二节　高职英语教学改革与演进 ······································· 38
　第三节　人工智能对高职英语教学的影响 ······························ 46

第三章　人工智能时代的高职英语教学模式变革 ····················· 56
　第一节　高职英语教学模式概述 ·· 56
　第二节　传统高职英语教学模式存在的问题 ··························· 63
　第三节　人工智能视域下的高职英语教学模式变革 ··················· 70

第四章　人工智能时代的高职英语教学实践研究 ····················· 79
　第一节　人工智能在高职英语听力和口语教学中的应用 ············· 79
　第二节　人工智能在高职英语阅读和写作教学中的应用 ············· 89
　第三节　人工智能在高职英语翻译教学中的应用 ····················· 98

第五章　人工智能时代的高职英语教师的信息素养发展 107

第一节　高职英语教师在人工智能时代的定位 107

第二节　高职英语教师信息素养原则 117

第三节　人工智能时代高职英语教师发展路径 126

第六章　人工智能时代的高职英语自主学习 133

第一节　自主学习理念在高职英语中的价值 133

第二节　自主学习与高职英语课程设置 141

第三节　人工智能技术推动下的高职英语自主学习 150

第七章　人工智能时代的高职英语教学评价 157

第一节　高职英语教学评价概述 157

第二节　基于人工智能的教学评价体系构建 166

第三节　人工智能技术在考试中的应用研究 173

参考文献 182

第一章 人工智能时代

第一节 人工智能的历史与发展

一、人工智能的基本概念

（一）何为智能

智能是一个多层次且复杂的概念，涵盖了多个学科领域的研究。在学术界，对智能的定义存在多种观点，其中主要流派有以下几种。

思维理论认为智能的根源在于思维活动，即人类的认知过程和思考能力。智能被看作思维的产物，人类的知识大多源于思维活动。该流派关注研究思维规律和思维方法，旨在揭示智能的本质。通过深入研究思维过程，理解智能行为的根本原理。

美国心理学家克里斯托弗·兰格莱是复杂系统和人工生命领域的研究者，他提出的知识阈值理论认为智能的水平取决于个体所拥有的知识数量以及这些知识的可运用程度。他认为系统掌握的知识越多，其智能水平就越高。而进化理论则认为智能的发展取决于感知和行为，主张智能可以通过适应外部复杂环境来实现。强调智能不一定需要大量知识、复杂表示或推理过程，而可以通过逐步的进化来实现。

综合来看，智能一般被认为是知识与智力的综合体现。知识为智能行为提供基础，而智力则是获取、理解和应用知识以解决问题的能力。这种综合体现了人类的认知能力和学习能力，并对各种情境作出灵活的响应。智能的研究不仅关注人类的智能，还涉及人工智能系统的设计和发展。

（二）什么是人工智能

人工智能（Artificial Intelligence，AI）属于计算机科学的领域，旨在开发能够模拟和执行人类智能行为的系统。具体而言，人工智能涉及设计和构建能够执行学习、推理、感知、语言理解、问题解决等智能任务的计算机程序和系统。

人工智能系统可以通过学习从经验中获取知识，通过推理和解决问题来模拟人类的思考过程，通过感知来理解事物和与环境交互。这些系统可以在特定任务中表现出智能，甚至在某些情况下超过人类的能力。

总体而言，人工智能的目标是使计算机系统具备类似于人类智能的能力，以便它们能够执行复杂的任务，适应不同的环境，并不断提高性能。人工智能包括多个子领域，例如机器学习、自然语言处理、计算机视觉等，这些子领域共同推动了人工智能技术的发展。

二、人工智能的发展历史

"人工智能"这一术语最早是在20世纪50年代提出的。这一时期被认为是人工智能领域的起源时期。具体来说，"人工智能"最早出现在1956年的达特茅斯会议（Dartmouth Conference），这次会议被视为人工智能领域的创始事件之一。

在这次会议上，数位科学家和研究者，包括约翰·麦卡锡（John McCarthy）、马文·明斯基（Marvin Minsky）、艾伦·纽厄尔（Allen Newell）和赫伯特·西蒙（Herbert A. Simon）等，共同提出了一个愿景，即通过构建能够模拟人类智能的计算机程序来解决复杂问题。这标志着人工智能作为一个独立的学科领域的开始。

自那时以来，人工智能经历了多个阶段和发展，涌现出许多重要的理论、算法和技术。尽管在其初始阶段，人工智能的发展面临了一些挑战，但近年来，随着计算能力的增强、大数据的可用性和机器学习等技术的进步，人工智能取得了显著的进展。下面我们就对人工智能的发展历史进行简要回顾。

（一）萌芽

在人工智能的萌芽期，多位思想家和科学家的贡献为该领域的理论基础奠定了坚实基础。亚里士多德的三段论为逻辑学提供了关键框架。培根则引入了归纳法，这一方法通过观察和实验推导出一般性结论，为机器学习的思想奠定了基础。莱布尼茨的工作强调了符号表示和推理计算的重要性，为后来的人工智能系统提供了一些理论支持。乔治·布尔的布尔代数则为逻辑推理提供了基本法则，为人工智能中的逻辑处理打下了基础。

然而，其中最为显著的事件之一是艾伦·图灵于1936年提出的图灵机概念。图灵机理论上能够执行任何可计算问题，这为计算理论和人工智能的发展提供了关键的思想基础。图灵的贡献在于将计算与逻辑联系起来，为后来人工智能的推理和问题解决方案奠定了基础。

此外，1943年的麦克洛奇和匹兹提出的MP模型，作为一种神经网络模型，虽然最初旨在模拟大脑运作，但为神经网络和机器学习的发展奠定了初步的基础。这些关键事件共同构成了人工智能的早期阶段，为后来人工智能研究和技术发展奠定了坚实的基础。这个时期的思想和理论对于如何使计算机系统具备智能能力的探索产生了深远的影响。

（二）起源

1956年夏季，在斯坦福大学教授约翰·麦卡锡、哈佛大学的数学和神经学家马文·明斯基、IBM公司信息研究中心负责人纳撒尼尔·洛切斯特等人的共同倡议下，莫尔、塞缪尔、塞尔夫里奇、纽厄尔、西蒙等10名年轻学者受邀在达特茅斯学院开展了为期两个月的学术研讨会。在这次会议上，麦卡锡提议正式采用"人工智能"（Artificial Intelligence）这一术语，标志着人工智能学科的正式诞生。这个重要的时刻为人工智能的发展奠定了基础，使其成为一个独立的学科领域。

随着人工智能学科的正式确立，从1956年以后，人工智能的研究进入一个新的阶段。在机器学习、定理证明、模式识别、问题求解、专家系统及人工智能语言等方面取得了许多令人瞩目的成就。这一时期见证了人工智能领域的不断探索和技术突破，研究者们致力于实现计算机系统的智能化，使其能够模拟和执行类似于人类智能的各种任务。

在人工智能的发展过程中，国际交流与合作也得到了推动。1969年，第一届国际人工智能联合会议（International Joint Conferences on Artificial Intelligence，IJC人工智能）召开，为全球人工智能研究者提供了交流和合作的平台。

此外，为了促进学术交流，国际性的人工智能杂志（Artificial Intelligence）于1970年创办，使研究成果更能广泛地传播和分享。

综合而言，人工智能起源于1956年的达特茅斯会议，而后在学术交流、研究成果的不断涌现以及国际合作的推动下，人工智能逐渐成为一个引人瞩目且充满潜力的领域。

（三）平稳发展期

在20世纪60年代末，人工智能研究面临了一系列困难，特别是在机器翻译等领域。1966年，美国顾问委员会的报告裁定指出，当时并不存在通用的科学文本机器翻译，且前景不明朗。由此，英国和美国中断了对大部分机器翻译项目的资助，这一时期被认为是人工智能研究的低谷。

然而，在1977年，人工智能领域迎来了新的动力。在第五届国际人工智能联合会议上，费根鲍姆提出了"知识工程"概念，将知识置于研究的核心。这一概念推动了以知识为中心的研究方法，为人工智能的发展注入了新的思路和动力。

在我国，自1978年起，中国将"智能模拟"确定为国家科学技术发展规划的主要研究课题。随后于1981年成立了中国人工智能学会，为促进国内人工智能研究和发展提供了组织平台。

随着时间的推移，人工智能逐渐成为各个领域的关键技术。它在计算机、航空航天、军事装备、工业等众多领域发挥着重要作用，为科技创新和社会进步提供了强大的支持。

（四）学派由分到合

人工智能领域存在三大主要学派，它们代表了不同的方法和理念，分别是符号主义、联结主义和行为主义。这三大学派在人工智能的发展历程中各具特色，对该领域的研究和应用产生了深远影响。

1. 符号主义

符号主义作为人工智能领域的重要学派，强调通过符号的表示和处理来模拟人类的思维和智能行为。其根基源于数学逻辑的发展，将人的认知过程视为一系列符号操作，其中包括语言、逻辑命题等。这一学派在20世纪早期推动了数学逻辑的应用，为人工智能的理论奠定了基础。符号主义提倡知识的形式化表示，主张知识可以通过符号的形式进行表达。这为知识工程的发展奠定了基础。其中专家系统成为符号主义思想的一个应用，此系统通过规则和知识库进行推理，模拟专家在特定领域的决策过程。此外，符号主义还为智能代理和问题求解等领域作出了贡献，为人工智能的应用提供了理论支持。然而，符号主义也面临一些限制。在处理不确定性和模糊性方面，传统的逻辑推理方法显得相对困难，因为它们难以有效地处理模糊或不完全信息。此外，随着人工智能研究的深入，处理和学习大规模知识方面的挑战逐渐显现。这些限制和挑战引发了人们对符号主义方法的批评，并促使人工智能领域向综合不同学派的方向努力。

2. 联结主义

联结主义聚焦于模拟生物神经网络的结构和学习规律，以实现智能行为。其基础理念源自对神经系统的仿生学研究，通过构建人工神经网络来模拟人脑中神经元之间的连接和信息传递。早期的代表性成果包括 1943 年卡洛克和皮茨提出的 MP 模型，以及感知机等模型，这些模型为联结主义的发展奠定了基础。然而，在 20 世纪 60—70 年代，由于技术和理论限制，脑模型的研究经历低潮。直到 1982 年和 1984 年，约翰·霍普菲尔德提出了用硬件模拟神经网络的方法，联结主义再次引起关注。

联结主义的研究经历了一个新的高潮，典型应用是深度学习的崛起。深度学习是联结主义的一种重要方法，借助多层次的神经网络进行特征学习和表示学习。1986 年，反向传播算法的提出为神经网络的训练提供了有效手段，这在深度学习中发挥着关键作用。近年来，联结主义在人工智能领域取得了突破性进展，尤其在图像识别、语音处理等方面展现出卓越的性能。

3. 行为主义

行为主义学派又被称为进化主义学派或控制论学派。其核心原理根植于控制论和感知—动作型控制系统。这一学派的形成早在 20 世纪 40—50 年代，受到维纳、麦洛克等学者的控制论和自组织系统理念的影响。控制论将神经系统的工作原理与信息理论、控制理论、逻辑以及计算机等领域相结合，为行为主义的发展提供了理论基础。

早期的研究侧重于模拟人在控制过程中的智能行为，以实现自适应、自校正、自寻优等控制论系统的特性。在20世纪60—70年代，学者们致力于研究控制动物，通过制作机器模拟生物行为，探索智能在实际环境中的表现和作用。这一时期取得了一定的研究进展，为智能控制和智能机器人系统的发展播下了种子。行为主义学派的代表作品之一是布鲁克斯的六足机器人。六足机器人被看作新一代的"控制论动物"，其设计基于感知—动作模式，模拟昆虫在现实环境中的行为。这标志着行为主义在人工智能领域以新的面貌出现，并引起了广泛的兴趣与研究。

行为主义学派的进化观点认为智能可以逐步进化，与生物进化的观点相呼应。智能行为的演化是通过与周围环境的互动和适应来实现的，而非依赖静态的知识表示和推理。这一观点为智能控制和机器人系统的发展提供了新的思路和启示，使行为主义成为人工智能研究中备受关注的学派之一。

综合来看，这三大学派在人工智能领域强调不同的方法和思想，即符号主义、联结主义和行为主义，代表了不同的理论和方法论取向。符号主义注重逻辑和符号表示，认为通过符号操作可以模拟人的智能行为，其核心在于推理和知识表示。联结主义关注神经网络和学习，试图模拟生物神经系统的结构和功能，以实现机器学习和自适应行为。而行为主义则强调通过演化算法进行优化，借鉴了自然选择的思想，使智能系统能够通过进化适应环境。

在实际应用中，人工智能系统往往综合运用这些学派的思想，以形成更为综合和强大的解决方案。这种综合运用可以在不同层面上发生，例如，在系统设计中，同时考虑符号主义的逻辑推理和联结主义的神经网络模型，以实现更全面的智能功能。在算法开发中，也可以综合运用不同学派的方法，利用符号主义的知识表示和联结主义的学习能力，以提高系统的适应性和智能水平。不同学派的融合有助于更全面地理解和解决复杂的人工智能问题。符号主义提供了对知识和推理的形式化框架，联结主义通过神经网络模型实现了对复杂模式的学习，而行为主义则为系统的优化提供了演化算法的思路。通过综合运用这些学派的思想，研究者和工程师能够更好地应对现实世界中多样化、不确定性和动态变化的挑战。

随着研究和应用的深入，人们逐步认识到三大学派各有所长、各有所短。因此，相互结合、取长补短、综合集成成为一种更为全面和灵活的方法。这种综合性的研究和实践有望推动人工智能领域的发展，使智能系统更加强大、智能化。

（五）新的发展期

从21世纪初开始，智能科学技术迎来了一个新的兴起期，以人工智能为核心，形成了一个包括自然智能、人工智能和集成智能在内的综合性学科。这一新兴学科引起了广泛关注，并呈现几个显著的研究特征。

首先，新兴学科的研究特征之一是从过去人工智能的单一研究模式逐步转向集自然智能、人工智能和集成智能于一体的协同研究。这意味着研究者们更加注重整合不同领域的智能研究，使其相互协同，形成更加全面、综合的智能科学技术体系。

其次，新兴学科强调与脑科学、认知科学等学科的交叉研究。相比于过去人工智能学科的独立性，现在更加重视其与其他相关学科的交叉，特别是与脑科学和认知科学的结合，以更好地理解和模拟自然智能的机制。

再次，新兴学科由多个不同学派的独立研究转向多学派的综合研究。过去，符号主义、联结主义、行为主义等学派独立存在，而现在趋向于将这些学派的优势进行有机融合，形成更为综合且富有创新性的研究方法。

最后，新兴学科还表现出研究的焦点从个体、集中智能向群体、分布智能的转变。这体现了对智能系统更复杂、更灵活的研究兴趣，强调了智能体系的协同工作和集体智慧的挖掘。

总之，智能科学技术的兴起呈现出一种多元、交叉、综合的趋势，旨在超越过去人工智能研究的狭隘范畴，构建更为全面和深入的智能科学技术学科。这一发展趋势有望推动人工智能领域的跨学科合作和技术创新，为未来智能科技的发展奠定坚实基础。

三、人工智能的主要研究领域

人工智能作为一门高度交叉的新兴学科，涵盖了多个研究和应用领域。从不同的角度划分，可以将人工智能的研究领域概括为以下几个方面。

（1）知识表示：这一领域专注于将人类知识形式化或建模，以便计算机系统能够理解和利用这些知识。这涉及使用各种符号和表示方法来捕捉现实世界中的事实、关系和规则。逻辑和符号表示是其中的重要研究方向，通过逻辑体系和符号系统，研究者致力于构建能够精确表达知识的结构，以便计算机能够进行推理和决策。

（2）机器感知：该领域的目标是使机器具备类似于人的感知能力，其中重点研究机器视觉和机器听觉。机器视觉涉及计算机系统对图像和视频进行解释和理解，以模拟人类视觉系统的功能。机器听觉则旨在使计算机能够感知和理解声音，包括语音识别和音频处理。通过这些技术，机器能够获取并处理感知信息，实现对环境的理解。

（3）机器思维：在这一领域，研究者致力于使机器能够进行有目的的思维和推理，通过处理外部和内部信息来达到特定的目标。这包括对外部信息的有目的性处理，例如对传感器输入的解释和分析，以及对内部信息的处理；又如对先前学到的知识的利用。机器思维的研究旨在模拟人类思维过程，使计算机能够更智能地应对复杂的任务和问题。

（4）机器学习：机器学习研究如何使计算机具有学习能力，通过训练和学习自动获取知识。这一领域涵盖了多种学习方法，其中包括深度学习和强化学习等。深度学习通过多层神经网络模拟人脑结构，用于处理复杂的模式识别和特征提取任务。强化学习则关注在特定环境中通过试错学习，以最大化累积奖励。

（5）机器行为：机器行为包括多个方向，其中自动定理证明涉及证明问题的永真性；博弈研究竞争性智能活动，如下棋、打牌等；模式识别专注于分析和识别信号、图像或其他数据中的模式；专家系统模拟人类专家解决问题的思维过程；机器人涉及物理世界中的智能行为；机器视觉通过计算机视觉技术实现对图像的理解。

（6）智能信息检索：该领域致力于通过对自然语言的理解、推理能力和常识性知识，实现更智能的信息检索系统。这包括使计算机能够理解用户提出的问题，进行语义分析，并通过推理能力提供更准确和相关的搜索结果。

（7）数据挖掘与知识发现：通过在大量数据中发现有意义的模式和知识，解决数据分析和信息提取的问题。数据挖掘技术涉及从大型数据集中发现隐藏的模式，而知识发现旨在提取并理解这些模式所蕴含的知识，为决策提供支持。

（8）组合优化问题：包括旅行商问题、生产计划与调度、智能交通等，这一领域致力于通过优化方法解决组合问题。旅行商问题涉及在多个城市之间找到最短路径，生产计划与调度关注如何有效组织和安排生产过程，而智能交通则着眼于通过优化路线和资源分配提升交通系统的效率。通过组合优化方法，这些问题得到了更有效、更经济的解决方案。

（9）人工神经网络：人工神经网络模拟大脑神经系统的结构和功能，由大量简单处理单元和广泛连接组成，旨在实现对复杂问题的处理。这种网络通过学习和适应能够执行各种任务，包括模式识别、分类和预测。人工神经网络的发展推动了机器学习领域的进步，为处理具有复杂结构和模式的数据提供了有力工具。

（10）分布式人工智能：研究多个智能体之间的协调和合作，包括分布式问题求解和多智能体系统。分布式问题求解将一个具体的问题划分为多个相互合作和知识共享的模块或结点，以提高问题解决的效率和鲁棒性。多智能体系统研究各智能体之间行为的协调，使它们能够共同达到特定的目标。这种分布式方法有助于应对复杂而庞大的问题，提高系统的适应性和效能。

（11）智能管理与智能决策：将人工智能技术引入管理领域，建立智能管理系统和智能决策支持系统。

（12）智能网络系统：智能网络系统将人工智能技术应用于计算机网络，涵盖网络构建、网络管理与控制、信息检索与转换等多个方面。在网络构建中，人工智能技术可以用于设计和优化网络结构，提高网络性能和安全性。网络管理与控制方面，智能系统能够实现自动化的网络监测、故障诊断和资源分配。信息检索与转换则通过对自然语言的理解和推理，实现更智能的信息检索和转换服务。

（13）计算智能：计算智能以数据为基础，通过计算来建立功能上的联系，包括多种计算智能方法。其中，神经计算模拟大脑神经系统的结构和功能，通过大量处理单元和广泛连接实现对复杂问题的处理。模糊计算利用模糊逻辑处理不确定性和模糊性，适用于涉及模糊概念的问题。进化计算通过模拟自然进化的过程，如遗传算法和遗传规划，用于求解复杂的优化和搜索问题。这些计算智能方法在不同领域都发挥着重要作用，为解决复杂问题提供了多样化的工具和技术。

这些研究领域共同构成了人工智能的多个方面，涵盖了从底层的知识表示到高层的智能决策，从感知到思维的全方位研究。这种多领域的融合和协同研究推动了人工智能的发展，并为解决复杂问题提供了丰富的方法和工具。

第二节 人工智能特点与教育应用

一、人工智能的特征与关键技术

（一）深度学习

人工智能是一门研究如何使计算机系统能够执行类似人类智能的任务的学科。深度学习是人工智能领域中的一个关键技术，它通过模拟人脑神经网络的工作原理，实现了在大规模数据集上进行复杂模式识别的能力。以下是对深度学习的特征和关键技术的详细阐述。

1.深度学习的特征

（1）复杂模式识别

深度学习的主要特征之一是其出色的复杂模式识别能力。通过深度神经网络，系统能够学习和理解输入数据中的抽象特征，从而实现对复杂模式的识别，例如图像、语音和自然语言处理等任务。

（2）非线性建模

深度学习采用多层次的非线性变换，使得系统能够更好地适应非线性关系。这种非线性建模的能力使得深度学习在处理复杂问题时表现出色，与传统的线性模型相比更为灵活和有效。

（3）自动特征学习

传统机器学习方法通常需要手动提取特征，而深度学习具有自动学习特征的能力。深度神经网络通过多层次的抽象表示，可以自动学习数据的高级特征，减轻了特征工程的负担，提高了模型的泛化能力。

（4）大规模数据

深度学习在大规模数据集上表现出色，因为它可以从大量数据中学习到更复杂、更一般化的模式。这使得深度学习在图像分类、语音识别等需要大量标注数据的任务中取得了显著的成功。

（5）端到端学习

深度学习倡导端到端学习的理念，即从输入端直接学习到输出端的映射关系，省略了中间步骤的手动特征工程。这简化了模型的设计和训练过程，提高了系统整体的性能。

2.深度学习的关键技术

（1）神经网络架构

深度学习的核心是神经网络，它是由多个层次组成的模型，包括输入层、隐藏层和输出层。不同的神经网络架构适用于不同的任务，如卷积神经网络（CNN）适用于图像处理，循环神经网络（RNN）适用于序列数据处理。

（2）反向传播算法

反向传播算法是深度学习中常用的优化算法，通过不断调整模型参数，使得模型的输出与真实标签之间的误差最小化。反向传播算法使得神经网络能够学习到输入数据的复杂特征表示。

（3）激活函数

激活函数是神经网络中的非线性变换，通过引入非线性因素，使得神经网络能够更好地拟合复杂的数据模式。常见的激活函数包括ReLU（Rectified Linear Unit）和sigmoid等。

（4）优化算法

深度学习中的优化算法用于调整神经网络的参数，使得模型的损失函数最小化。常见的优化算法包括随机梯度下降（SGD）、Adam等。

（5）正则化技术

为了防止过拟合，深度学习引入了正则化技术，包括L1正则化、L2正则化等。这些技术有助于提高模型的泛化能力，使得模型更好地适应新的未见数据。

深度学习作为人工智能的关键技术，已经在图像识别、语音识别、自然语言处理等领域取得了巨大成功。随着研究的不断深入，深度学习技术将继续推动人工智能的发展，为解决更复杂的问题提供更强大的工具和方法。

（二）跨界融合

近年来，人工智能（AI）在语音、语意、计算机视觉等领域取得了显著突破，快速应用到生活的各个领域。在这一背景下，科大讯飞董事长刘庆峰指出，2017年是中国人工智能应用的"落地年"，标志着人工智能产业发展的分水岭。他认为，技术的应用才是人工智能发展的硬道理，强调只有将技术不断地应用在各个领域，人工智能才能获得真正的发展。

腾讯集团董事长马化腾强调了人工智能应用场景化的重要性，表示"没有场景支持的人工智能研究是空中楼阁"。多年来，人工智能技术的快速发展使其在个人助理、汽车领域、医疗健康、安防、电商零售、金融、教育等方面的应用覆盖了生活的各个方面。百度公司总裁张亚勤强调百度要建立一个人工智能时代的操作系统，将其与家居、医疗、汽车、教育等垂直行业结合，并通过开放数据API与企业合作，加速各行业的智能化步伐。

1.人工智能在汽车领域的广泛应用

汽车领域是人工智能应用前景广阔的领域之一，尤其是自动驾驶技术备受关注。百度智能汽车在2017年正式亮相，展示了在高精地图生产制造、自动驾驶环境感知等领域的领先技术，并发布了自动驾驶开放平台Road Hackers。人工智能技术在交通系统中的应用也显著提高了安全性和效率。例如，阿里巴巴与杭州市政府合作，通过整合人工智能技术的交通信号灯使城市交通更加智能化，提升了交通流量；吉利汽车通过将核心业务系统上云，实现了传统业务的在线化和数据化运营，助力吉利汽车引领汽车行业的"互联网+"潮流。

2.人工智能在医疗领域的应用

专家认为，人工智能将成为企业跨部门业务发展的"颠覆者"，而智能医疗领域更容易实现"落地"。智能诊疗系统可以提高医生诊疗效率和准确率，机器人的智能健康体检系统也能快速建立个人健康档案。国防科技大学相关团队研发的医疗机器人通过大数据运算和人工智能技术，提供一体化智能医疗服务，包括智能挂号、智能诊疗、智能健康体检等功能系统。百度在医疗领域进行研发，包括智能分诊、人工智能参与的智能问诊、基因分析和精准医疗、基于大数据的新药研发等方面，将技术和资源应用于医疗和健康领域。

3.人工智能与金融的结合

人工智能与金融的结合也是一个前沿而热门的领域，涵盖智能投资顾问、金融预测与反欺诈融资授信、安全监控预警、智能客服以及服务型机器人等。例如，浙商银行通过金融行业云解决吞吐量大、高并发等问题，构建大数据分析处理平台，创新银行用户画像、征信、风险预警等大数据服务。平安科技的大数据平台产品"平安脑"已经应用于风险量化、反欺诈、智能推荐、健康医疗、智能运营等领域。

4.家电行业的人工智能热潮

家电行业也掀起了人工智能的热潮，许多企业将目光投向人工智能，通过研发或并购等手段进入机器人市场。家电企业在智能制造方面积极转型，包括长虹、美的、格力、格兰仕等在机器人生产及应用领域进行布局。同时，几乎所有的家电厂商都致力于构建智慧家庭，将人工智能与智慧家庭更紧密地结合在一起。长虹发布了以电视机为中心的人工智能平台，TCL也在人工智能电视机上进行布局，与各方合作实现数据共享，实现资源共享。互联网企业如小米、爱奇艺也在智能客厅的多维度打造中发挥作用。

尽管人工智能在多个领域取得了显著成就，但人工智能技术与传统行业的业务需求之间仍存在不小的距离。面向普通消费者的移动互联网应用与人工智能技术结合仍处于探索阶段。然而，随着人工智能的不断发展，其在各行业的业务应用将更为深入，会为未来带来更多创新和变革。人工智能的融合将进一步推动科技和产业的发展，为社会带来更多便利和智能化的生活。

（三）智能化升级与人机协作

近年来，我国制造业面临劳动力成本攀升、工业制造业智能化升级的挑战，同时国家出台了一系列支持工业机器人领域发展的产业政策。这一背景将有力支撑我国工业机器人产业及市场规模持续扩大。尽管我国已经成为全球最大的工业机器人市场，但机器人人均使用密度仍低于全球平均水平。

在制造业转型升级的过程中，工业机器人产业备受期待。作为智能工厂和无人工厂的核心装备，工业机器人在汽车制造、机械制造、电子器件、集成电路、塑料加工等大规模生产企业中发挥着重要作用。然而，市场的发展演变，顾客对商品高度个性化需求的变化，对工业机器人提出了新的要求。

新型的协作机器人在这一背景下崭露头角。相较于传统工业机器人需要繁杂编程和设定的情况，协作机器人能够直接与人类员工并肩工作。这种人机协作的方式使得工人能够在工作中加入人性化元素，使产品更加个性化。同时，协作机器人能够预先进行产品加工，或为工人准备需要加工的产品。这种良性协作的模式旨在增强工人的能力，使其能够发挥创造性，处理更为复杂的项目。

最终，智能装备的大规模应用将支撑智能制造的全面实现。从机器人到自动化的生产线，再到智能工厂，中国制造业将迎来渐进式的升级转型。政府的政策支持和产业规划将推动工业机器人产业迈向新的高度，为我国制造业带来更多的创新和变革。

（四）群体智能引领创新生态

互联网和移动通信已经实现了广泛和深度的互联，使得人类群体智能在信息环境中发挥越来越重要的作用。这对人工智能领域产生了深远影响，例如，基于群体编辑的维基百科、基于群体开发的开源软件、基于众问众答的知识共享、基于众筹众智的万众创新、基于众包众享的共享经济等。这标志着人工智能已经迎来新的发展阶段，强调从个人智能模拟走向群体智能模拟，构造方法从逻辑和单调走向开放和涌现，计算模式从"以机器为中心"的模式走向"群体在计算回路"的模式，系统开发方法从封闭和计划走向开放和竞争。

互联网的群体智能理论和方法成为新一代人工智能的核心研究领域之一，对其他研究领域具有基础性和支撑性的作用。著名科学家钱学森在20世纪90年代提出的综合集成研讨厅体系强调专家群体以人机结合的方式进行协同研讨，共同研究复杂巨系统的挑战性问题。新规划提出的群体智能研究方向是综合集成研讨厅在人工智能新时代的深化，通过互联网组织结构和大数据驱动的人工智能系统吸引、汇聚和管理大规模参与者，以竞争和合作等多种自主协同方式来共同应对挑战性任务。

群体智能的研究不仅能推动人工智能的理论技术创新，同时对整个信息社会的应用创新、体制创新、管理创新、商业创新提供核心驱动力。在互联网环境下，海量的人类智能与机器智能相互赋能增效，形成人机物融合的"群智空间"，充分展现群体智能。这是互联网科技创新生态系统的智力内核，将推动整个创新过程的组织和组织间关系网络。

（五）人工智能的利与弊

人工智能的飞速发展，也给人们带来了一些挑战和烦恼。人工智能的广泛应用已经改变了人们的工作方式，一方面解放了人类的脑力劳动，另一方面却引发了人们的担忧。人们担心人工智能可能超越人类自然智能，甚至对人类产生威胁。同时，人工智能技术可能被不负责任的人利用，进行反人类和危害社会的犯罪活动。

在这种背景下，自主控制系统作为智能系统的核心要素正迎来新的发展时代。这种系统在无人干预的情况下，通过整合感知、决策、协同和行动能力，实现在非结构化环境中自我决策并执行一系列控制任务。而"自主控制"这一概念的定义存在差异，美国国家航空航天局在1985年将其定义为系统，作为独立个体，在一段时间内自我执行行动以完成目标，强调了使用传感器感知外界信息的能力。

特别是在可变自主控制的讨论中，系统拥有多个自主控制等级，机器在不同任务环境中动态调整自主控制等级，灵活应对各种挑战。这种控制方式将人类智能与机器智能结合，最大化系统的自主控制能力，并在合适的时候邀请人类介入。在这一模式下，人类和机器形成紧密合作，共同为系统提供信息和智能支持，实现"1+1>2"的效果。

面对人工智能的挑战，保持高度警惕至关重要。人工智能技术的发展需要伴随对其负面影响的监测和控制。人类应充分发挥智慧，采取防范、监测和侦破智能犯罪活动的手段。尽管发展之路充满曲折和挑战，但我们相信，通过不懈努力，人工智能技术将为人类带来巨大的利益，促进社会的进步和发展。

二、人工智能与教育

（一）国内外教育领域人工智能研究现状

在国内外的教育领域，人工智能研究取得了显著进展，涵盖了多个方面。国外的研究主要集中在知识表示方法、知识推理、智能代理、机器学习等领域。通过对教育期刊中人工智能相关词汇的统计，可以观察到这些研究领域在国外受到广泛关注。其中，知识表示方法和推理技术被认为是国外研究的重点，这反映在对知识的高效组织和推理能力的追求上。

近年来，在智能教育应用的研究中，国外更加注重自然语言处理和智能代理等技术的使用。这体现出国外学者对教育游戏、智能教学系统以及教育机器人等方面的关注。自然语言处理在英文写作自动评分、作业批改等任务中的应用，以及智能代理在教育决策支持系统中的作用，展现了国外在技术创新和实际应用上的努力。

而国内在人工智能教育研究方面，经历了从2000年到2008年的稳步上升。研究范围涉及智能教学系统、智能代理技术的教育应用、智能答疑系统开发等多个方面。总体而言，国内外在人工智能教育领域的研究取得了显著的成果，尤其是在智能导师系统、自动化测评系统、教育游戏与教育机器人等方面的应用。这些研究为教育领域引入了新的技术手段，为提高教学效果和学生学习体验提供了新的可能性。

（二）人工智能对教育的技术支持与应用

1.教育领域的人工智能关键技术

（1）人工智能与大数据结合

利用大数据技术收集学生的学习数据，包括学习进度、答题情况、兴趣爱好等。通过人工智能算法分析这些数据，建立学习者模型，为每位学生提供个性化的学习路径和推荐内容，以满足不同学生的学习需求。大数据分析可以实现对学生学习状态的实时监测，人工智能系统通过分析这些数据能够提供及时的反馈。在发现学生学习困难或者进展缓慢时，系统可以自动进行干预，提供个性化的帮助或额外的学习资源。利用大数据分析教学资源的使用情况，人工智能系统可以评估教材的有效性。通过了解学生对不同教学内容的反馈，可以优化教学材料，使其更符合学生的学习习惯和需求。利用人工智能技术开发虚拟助教或智能导师系统，通过大数据分析学生的历史学习数据，这些系统可以回答学生问题、提供解释、引导学习，并在需要时向教师反馈学生的表现。人工智能与大数据结合可以进行学科水平的评估和诊断。系统可以通过分析大量学生的学科成绩和学习历史，为教师和学校提供有关学科教学水平的反馈，以便进行有针对性的改进。

（2）知识图谱技术

知识图谱技术是一种关键的信息处理技术，其核心思想在于构建实体之间的关系网络，形成结构化的图形以更好地表达和利用信息之间的关联。这种技术以图谱的形式将各类信息连接起来，包括人、地点、事件、概念等实体，通过连接线展示它们之间的关系。这种图形结构不仅使得信息更有组织、有层次，更具有可视性，也为系统提供了智能化处理信息的基础。

在知识图谱中，实体和关系不仅仅是简单的表达，还包括了语义标签的赋予，这使得系统能够更深入地理解信息的含义。语义网络的建立有助于消除信息处理中的语义歧义，提高系统在理解信息时的智能水平。

基于图的知识存储和表示使得信息更有序、有条理。这种结构化表示有助于提高信息的检索效率，用户能够更轻松地获取所需信息。搜索与发现功能也因此更为智能化，用户可以通过图谱的拓扑结构快速地发现相关实体和关系，实现更高效的信息检索。

知识图谱技术为用户提供了更智能、更精准的搜索和发现功能，同时使人们能够更好地理解实体之间的相对关系。通过对图中的路径和连接进行分析，可以深入理解知识的内在结构，促使用户进行更深层次的学科理解。

最重要的是，知识图谱为推理和决策支持提供了有力的工具。系统可以通过对图谱的分析生成新的知识、发现潜在的关联，为决策提供更全面的信息支持。这种功能有望在教育领域提升学科发展、提高信息管理效率，为教育决策和个性化学习提供更全面的支持。

（3）计算机视觉技术

计算机视觉技术这一关键的科学领域致力于研究如何让机器具备"看"的能力，模拟人类的视觉系统。它充当着机器的眼睛，利用摄影机和计算机技术进行目标的识别、跟踪、测量等操作。通过对图像的获取和处理，计算机视觉可以生成更适合人眼观察或传送给仪器检测的图像，应用领域涵盖图像识别、景物分析、图像处理等多个方面。

首先，在教育领域，计算机视觉技术的应用可以带来诸多益处。首先，它可以用于对学生行为的监测和分析。通过摄像头捕捉学生在学习环境中的行为，系统可以分析学生的注意力集中程度、参与度等信息，为教师提供更全面的学生反馈。这有助于个性化学习，因为教育系统可以根据学生的学习状态调整教学方法和内容。

其次，计算机视觉技术在考试监控方面也有广泛应用。通过监控摄像头对考场进行实时监测，系统可以检测异常行为，例如作弊行为，从而维护考试的公平性和正义性。这有助于提高考试的可靠性和安全性。

最后，计算机视觉技术还可以应用于图书馆资源管理。通过对图书馆内图书的视觉识别，系统可以追踪图书的借还情况，提高图书馆管理的效率和准确性。

（4）自然语言处理

自然语言处理（NLP）是一门融合语言学、计算机科学和数学的科学，其核心目标是使计算机能够理解和处理自然语言。NLP 旨在实现人机间的自然语言通信，构建能够有效进行人机之间用自然语言交流的理论和方法。其中包括机器翻译、机器理解、问答系统等具体技术应用。

在教育领域，自然语言处理技术发挥了重要作用，主要体现在两个方面。首先，作为辅助工具应用于语言教学，即计算机辅助语言教学。通过 NLP 技术，计算机可以更好地理解和处理学生的语言输入，从而提供个性化的语言学习支持。例如，系统可以根据学生的语言水平和学习习惯推荐适合的学习材料，进行语法纠错，促进学生的语言技能提升。

其次，自然语言处理技术作为人机交互手段应用于智能教学系统。科大讯飞等公司利用 NLP 技术在机器翻译、语音系统、机器阅读理解等方面取得了显著成就。在教学中，NLP 技术还能够对学生的开放性回答进行自动识别，并给出相应的反馈。这种智能化的交互方式有助于提高教学效率，使教育更加个性化，增强互动性。

（5）机器学习

机器学习是一门多领域交叉学科，它涉及概率论、统计学、算法复杂度理论等多个学科和知识领域。该领域研究计算机如何模拟或实现人类的学习行为，以获取新知识或技能，重新组织已有的知识结构以不断改善自身性能。机器学习被认为是人工智能的核心，是使计算机具有智能的基本途径之一。其应用范围涵盖了人工智能的多个领域，主要采用归纳综合而非演绎的方法。

在教育领域，机器学习发挥了关键作用，主要体现在个性化学习、智能辅助教育等方面。通过对学生的学习数据进行收集和分析，机器学习算法能够建立学习者模型，识别学生的学科兴趣、学习习惯和潜在问题。基于这些信息，系统可以为每个学生量身定制个性化的学习路径和教学资源，提供更精准的学习支持。机器学习还能够自动化评估学生的学习表现，为教师提供实时反馈，使教学过程更加灵活和高效。

2.教育领域人工智能技术的典型应用

（1）智能化学习评估

智能化学习评估反映了传统评价方式逐渐被人工智能技术取代的趋势。在这一领域，智能测评通过自动化方式测量学生的学术发展，将一些评估工作交由机器完成，包括体力劳动、脑力劳动和认知工作。以英语口语考试为例，通过试验和数据采集，得到大量非英语或非标准英语的发音数据，并将其整理编码后加入语音库。计算机辅助英语水平测试运用计算机语音识别系统，对应试人朗读试题的语音标准程度进行辨识评测工作。

目前，智能测评在一定程度上解决了传统测评方式的单一性和浅显性问题，然而，仍然存在测评目的相对单一、测评结果相对浅显、智能化水平较低等挑战。其主要是为了提供简单的测评结果，对教师和学生的帮助有限。在未来的发展趋势中，智能测评将不再仅仅给出结果和分析，而是朝着更为智能、深度和个性化的方向发展。

在未来，智能测评需要更全面地分析和指导学生的学术发展。这包括对学生的优缺点进行深入剖析，并提出切实可行的具体建议，从而更好地支持学生的学习过程。智能测评的未来发展应当促进个性化学习，将教育推向智能化教育的方向，为学生提供更符合其个性和需求的学习体验。

（2）智能教育系统

智能教育系统是一种利用人工智能技术的教育工具，旨在模拟人类教师的角色，实现个性化的一对一智能化教学。这些系统通过分析学生的学科水平、学习风格和学习进度等信息，能够为每位学生量身定制个性化的学习路径和教材。这种个性化的教学方法有助于提高学生的学习效果，并增强其学科理解能力，提高其技能水平。

智能教育系统具备实时反馈和建议的功能，能够使学生及时了解自己的学习状态，并得到针对性的指导。此外，一些系统还包括虚拟实验室、互动模拟等丰富的功能，通过模拟实际场景提供更为生动、更具有互动性和实践性的学习体验。这样的系统有助于激发学生的学习兴趣，提高学习的趣味性和学生的参与度。

（3）虚拟教育助手

虚拟教育助手是一种利用自然语言处理和对话系统的人工智能技术，专门为学生提供在线的学术帮助和问题解答服务。这些虚拟助手通过对话的方式与学生进行互动，能够解释学科难点、回答问题，并引导学生进行深入理解和学习。其目标在于提供更加个性化的、即时的学术支持，帮助学生克服学习中的困难，完成挑战。

通过自然语言处理技术，虚拟教育助手能够理解学生提出的问题，并以人性化的方式进行回答。这种形式的互动有助于建立良好的学生—助手关系，增强学生对学术内容的理解，提高学习兴趣。虚拟教育助手还可以根据学生的个性化需求，提供定制化的学习建议和资源推荐，使学习过程更为高效和有针对性。

（4）自适应学习平台

自适应学习平台使用一种利用机器学习算法和个性化推荐系统的人工智能技术，旨在根据学生的学科水平和学习进度，动态调整教学内容和难度，以提高学习效果。这种平台通过分析学生的学习历史、行为模式和能力水平，为每个学生提供定制化的学习路径和资源推荐。

使用机器学习算法，自适应学习平台能够不断从学生的反馈中学习，逐步优化个性化推荐。平台会根据学生的强项和薄弱点进行精准的课程定制，使学生更加专注于需要提升的领域。同时，它还能够及时调整教学难度，确保学生在适当的挑战下取得进步，避免学习过于简单或复杂。

自适应学习平台不仅使学生能够按照个体化的学习速度和方式进行学习，还为教师提供了有关学生表现的详细信息。这种数据驱动的个性化教学方式有望提高学生的学术成绩和学科兴趣，为教育领域引入更智能、灵活的学习模式。

第三节 人工智能时代的教育变革

一、人工智能促进教育变革的时代背景

全球化竞争的压力，需要技术的进步与创新

在传统的工业经济中，生产和竞争主要依赖于物质资源和劳动力。而在知识经济时代，知识、技能和创新成为关键的竞争要素。先进的科技和信息技术的迅速发展改变了工作方式和商业模式，要求劳动力具备更高层次的技能和适应力。

在全球经济竞争中，高素质的人才成为国家发展的关键推动力。这些人才能够更好地适应和引领技术发展，推动创新，提高生产效率。因此，他们不仅需要具备专业技能，还需要具备创新能力、团队协作能力、跨文化交流能力等综合素质，以应对复杂多变的经济和社会环境。

人工智能技术能够根据学生的学习习惯、学习水平和兴趣爱好，提供个性化的学习路径和资源，使每个学生得到最有效的教育。利用人工智能技术，可以构建高度互动的在线教育平台，提供随时随地的学习机会，弥补地域和资源差距。

引入人工智能技术促进教育领域的创新，推动新兴教育模式的发展，不仅能够提高教育的质量，增强了效果，也能够使国家在全球经济中占据更有利的竞争位置。这种教育创新不仅关乎个体的发展，更是国家整体竞争力的重要组成部分。

二、人工智能时代的教育优势

1. 灵活、个性和包容的学习方式

在人工智能时代，教育方式发生了革命性的变化，为学生提供了灵活、个

性和包容的学习体验。这一变革的核心体现在学生能够随时随地访问和深度参与学习活动。通过在线教育平台，学生可以在家中、工作地点甚至是在移动状态中轻松获取学习资源，打破了传统教育中的时间和地点的束缚。

更为重要的是，人工智能技术为学生创造了自适应的学习环境，无论学生的学习水平如何，都能够获得最大限度的良好学习体验。个性化学习路径成为可能，智能教育系统通过分析学生的学习习惯、学习水平和兴趣爱好，为每个学生量身定制学习计划。这种个性化的学习路径既能够满足学生的个体需求，又能够激发他们的学习兴趣和动力。

在自适应学习环境中，实时反馈和调整也成为可能。人工智能技术能够监测学生的学习进度和对知识的理解程度，及时提供反馈，为教师和学生提供更有针对性的教学和学习指导。这种及时的反馈机制有助于调整教学计划，确保每个学生都能够以最有效的方式掌握知识。

最终，这种灵活、个性和包容的学习方式使得教育更具包容性。不论学生的起点和水平如何，人工智能技术都能够根据个体差异提供差异化的支持，为每个学生创造一个更加公平、平等的学习环境。这样的教育体系不仅关注知识传递，更注重培养学生的个体潜力和全面发展，推动教育朝着更为人性化的方向迈进。

2.培养学生的多种能力

在人工智能时代，教育的目标不仅仅是传递知识，更是培养学生的多种能力，这种综合素质的培养成为教育的重要任务，而人工智能技术为实现这一目标提供了强大的支持。

（1）自主学习能力

通过人工智能技术，学生可以根据个人的学习需求和兴趣选择学习内容，培养自主学习的能力。智能教育系统根据学生的学习习惯提供个性化的学习建议，使学生更有动力和能力主动进行学习。

（2）提出问题的能力

人工智能教育工具可以通过引人入胜的学习方式和实例，激发学生的好奇心，培养他们主动提出问题的能力。这种方法不仅激发学生的学习兴趣，还促使他们深度思考和主动探究。

（3）人际交往能力

利用人工智能技术建立合作学习环境，通过在线平台促使学生之间的合作与交流。这种互动不仅提高了人际交往能力，还培养了团队协作和沟通技能。

（4）创新思维能力

人工智能教育系统注重培养学生的问题解决能力和创新思维能力。面对实践性的学习任务和项目，学生需要运用所学知识来解决实际问题，从而培养创新思维。

（5）谋划未来的能力

利用智能教育系统帮助学生进行个人发展规划，了解自身优势和兴趣，为未来作出明智的选择。这种个性化的发展规划有助于学生更好地谋划自己的未来。

总体而言，人工智能技术为培养学生的多种能力提供了全新的可能性。通过个性化学习、激发创造力、引导问题提出和促进人际交往，教育系统能够更全面地培养学生，使他们在面对未来的复杂挑战时更具备应对能力。这种综合素质的培养有助于学生更好地了解自己的天赋，激发学习兴趣，并为他们的未来发展奠定坚实基础。

3.有利于形成教育公平

在人工智能时代，教育公平的实现得到了强有力的支持，主要体现在师资的平均分配和教育资源的迅速更新两个方面。通过人工智能技术，教育资源可以更加均衡地分配到各个地区，特别是通过在线教育平台和远程教学，优秀的师资和教育资源能够穿越地域限制，为学生提供更为广泛和平等的学习机会。这种全球化的师资分配有助于弥补传统教育中城乡师资不均衡的问题，形成更加平等的教育环境。

同时，人工智能技术的普及也使得教育资源能够更迅速地更新和升级。通过智能化教育工具和自适应学习系统，教育内容可以根据最新的教学理念和科研成果进行调整，确保学生接触到最前沿的知识。这有助于建立一个更为灵活的适应性更强的教育体系，为学生提供更具挑战性和启发性的学习资源。

最终，这种教育公平的推动有助于解决教育的不均衡和不平等问题。通过个性化支持和包容性学习环境的建立，人工智能技术确保每位学生在学习上都能够得到适当的关注和帮助，有助于消除由于学习条件差异导致的不平等。因此，人工智能时代的教育模式不仅提供了更广泛的学习机会，还为实现教育公平奠定了坚实的基础，并且能够为学生提供个性化的学习帮助，提升学生各方面素养和能力，减少教师的重复性工作等。

4. 弥补传统教学的不足之处，改善和提升教学质量

教育领域通过充分利用人工智能技术，成功地弥补了传统教学的不足之处，显著改善和提升了教学质量。首先，个性化学习体验的引入为学生提供了更为灵活和个性化的学习路径。传统班级教学难以满足学生个体差异，而人工智能技术通过智能教育系统的个性化设计，确保每个学生能够按照自己的步调、兴趣和学习水平进行学习，从而提高学习的效果。

其次，智能辅助教学为传统教学模式注入了新的活力。通过实时监测学生的学习进度和理解水平，人工智能教育工具为教师提供了及时的反馈，使其能够更好地调整教学策略，确保学生深刻理解所学知识。这种智能辅助教学不仅提高了教学的针对性，也促使学生更主动地参与学习过程。

再次，创新教学方法的引入是人工智能时代教育改革的又一亮点。通过引入互动和虚拟现实教学，学生能够更深入地参与学习，提高学习兴趣和参与度。实践性学习和项目的推广使学生能够将理论知识应用到实际场景中，培养解决问题和创新的能力。这种实践性学习脱离了传统纸上谈兵的教学方式，使学生能够更好地应对实际挑战。

复次，智能化评估和测试方法也为教学质量的提升做出了贡献。通过客观的、多维度的评估，教师能够更全面地了解学生的学术表现，为个性化的教学提供支持。这种智能化的评估方法使教育更趋向于关注学生的全面发展，而非简单的知识记忆。

最后，人工智能时代的教育改革拓宽了学科边界，促使不同学科相互融合。这种跨学科的教学方法有助于培养学生更全面的思维能力和解决问题的能力，使他们更好地适应未来社会的发展需求。

总体来说，人工智能时代的教育创新在个性化学习、智能辅助教学、创新教学方法、智能化评估和测试、跨学科融合等方面取得了显著成果。这一系列改革措施不仅有效弥补了传统教学的不足，还提高了教学的灵活性、互动性和

实用性，为学生提供了更富有成效和愉悦感的学习体验，从而全面提升了教学质量。

三、人工智能教育应用的问题与对策

每一事物都有其优势和劣势，人工智能同样如此。它在为教育带来便利和机遇的同时，也显露了一些潜在危害，引发了一些挑战。

（一）网络和数据安全存在风险

人工智能为教育带来了便利，但同时引发了一系列安全问题，需要我们认真对待和解决，主要包括网络安全、数据隐私和信息泄露等方面。

随着教育系统数字化程度的提高，大量的学生和教师数据被在线存储和传输，这使得系统成为黑客攻击的目标。网络攻击可能导致敏感信息泄露、系统瘫痪等问题，对整个教育系统造成严重影响。在教育过程中，涉及学生和教师的个人信息、学习成绩等敏感数据。如果这些数据未经妥善保护，可能被非法获取，导致个人隐私泄露和被滥用。

要解决这些安全问题，首先需要建立完善的网络安全体系，包括防火墙、入侵检测系统等，提高系统的抗攻击能力。其次，制定并强化相关的隐私保护法规和政策，确保在数据收集、存储和处理过程中严格遵循隐私保护原则。最后，加强用户教育，提高学生和教师的网络安全意识和隐私保护意识，形成共同维护安全的社会氛围。

综合而言，人工智能在教育应用中的安全问题需要全社会的关注和协同解决。只有通过多方合作，确保网络安全和数据隐私，才能更好地发挥人工智能在教育中的积极作用，同时最大限度地减少潜在的安全风险。

（二）技术的不平等有可能造成新的教育不公平

随着人工智能技术在教育中的应用不断发展，技术的不平等可能成为导致新的教育不公平的重要因素。这一问题涉及教育资源的分配、学生的接触机会以及教育机构的技术能力等多个方面。

首先，由于经济和地域的差异，一些地区或学校可能无法享受到先进的人工智能教育资源，导致技术的不平等。富裕地区或优越条件下的学校可能更容易获取和应用先进的人工智能教育工具,而贫困地区或资源匮乏的学校则可能无法提供同等水平的技术支持。这种差异可能进一步加剧不同地区学生之间的教育机会不平等。

其次,学生之间的数字鸿沟可能导致技术的不平等。在一些家庭中,由于经济原因或其他因素,学生可能没有足够的机会接触到先进的技术设备,导致在人工智能教育应用中存在差距。这可能使得一部分学生无法充分享受到人工智能技术带来的学习机会,从而产生新的教育不公平。

最后,教育机构的技术能力差异也是一个潜在问题。一些富裕的学校可能有更强大的技术基础设施和更高水平的技术支持团队,而一些贫困地区的学校可能面临技术设备不足和技术培训不足的问题。这种技术能力的差异可能导致不同学校之间教育质量的差异,进而产生教育不公平。

为解决这一问题,需要采取综合性的措施。首先,政府和相关机构应加大对贫困地区学校的技术支持力度,确保其能够获得先进的人工智能教育资源。其次,推动数字基础设施的普及,确保每个学生都能够平等地接触到人工智能技术。最后,开展面向教育从业者和学生的技术培训,提高其运用人工智能教育工具的能力。通过这些努力,可以更好地应对技术的不平等问题,促使人工智能在教育中更加平等地发挥作用,避免产生新的教育不公平。

(三)对技术的过度依赖削弱学生的人际交往能力和师生关系

首先,过度依赖技术可能导致学生过于依赖屏幕和虚拟学习环境,减少了同学之间的实际交往。传统教育中,学生通过与同学面对面的交流与合作培养人际交往能力,而过度依赖技术可能使学生更加倾向于独立学习,减少了实际社交的机会,从而影响到其人际交往能力的培养。

其次,虚拟学习环境可能削弱师生之间的亲师关系。在传统教育中,师生之间的面对面互动和交流有助于建立紧密的师生关系,促进学生的学习和发展。然而,对技术的过度依赖可能导致学生更多地与屏幕互动,与老师之间的情感联系减弱,师生关系可能变得较为疏远,从而影响教育的人文关怀。

为解决这一问题,教育者和决策者需要在人工智能教育应用中找到平衡点,避免学生对技术的过度依赖。首先,设计教育技术时要考虑到人际交往的重要性,通过技术手段促进学生之间、学生与老师之间的实际交流与合作。其次，鼓励在教学中保留一定程度的面对面教学元素，以保持师生之间的亲师关系。最后，为教育者提供培训，使其更好地整合技术与人文关怀，创造更富有温情和人情味的教育环境。

总体而言，对技术的过度依赖可能带来一些社交和人际交往方面的问题，因此在推动人工智能在教育中的应用时，需要谨慎权衡技术与人文的关系，以保障学生在学习中全面发展。

（四）教育伦理问题

在不同价值观、社会制度、思想意识形态和文化等因素交互影响的社会情境中，人工智能教育引发一系列教育伦理问题，对人的教育价值观产生影响。

首先，人工智能教育可能引发对隐私和数据伦理的关切。学生个人数据的收集和处理可能涉及隐私权的问题，而在人工智能教育应用中，对学生学习行为和个性特征的跟踪可能引发对数据隐私的担忧。如何在人工智能教育中平衡数据使用和个体隐私权的保护，成为一个亟待解决的教育伦理问题。

其次，人工智能教育可能面临教育公平和平等权利的挑战。由于不同地区、不同社会群体的文化和价值观念差异，人工智能系统的设计和应用可能对某些群体存在忽视，从而导致教育的不平等。教育者和决策者需要关注人工智能系统中的潜在忽视，确保教育机会的公平分配。

再次，人工智能教育可能引发学术诚信和道德价值观的考验。自动化评估和作业批改系统可能使学生更容易采取不正当手段，挑战学术诚信。教育者需要思考如何在人工智能辅助下维护学术诚信和培养学生正确的道德价值观。

最后，人工智能教育在智能辅助教学和个性化学习方面的应用，可能使学生更容易受到算法的影响，导致教育过于标准化，忽视了个体差异和创造性思维。这涉及教育目标的伦理问题，需要教育者思考如何在技术发展的同时保持对学生个体差异的关注。

在解决这些教育伦理问题时，需要教育决策者、教育工作者和技术开发者共同努力，确保人工智能教育的发展符合道德伦理标准，维护学生权益和教育公平，促进良性的教育创新。

第二章　高职英语教学与人工智能

第一节　高职英语教学的内涵与特色

一、高职英语教学的内涵

英语教学是指在教育体系中，专门针对学生学习和掌握英语语言的过程。具体指教师运用各种教学方法、教材和资源，引导学生掌握英语听、说、读、写等语言技能。英语教学的目标不仅是传授语法知识和词汇，更包括培养学生运用英语进行有效沟通和理解不同文化的能力。

高职英语教学具有独特的内涵：它将英语教育视为一项全面、全程、全人的教育过程。早在1981年，我国著名英语教育家许国璋提出将"英语教学"改称为"英语教育"，强调教育的内涵应更为丰富和广泛。与传统的"英语教学"相比，"英语教育"注重培养应用型和复合型人才，不仅包括传授语言知识和技能，还注重跨文化理解能力、人文素养、品格的培养以及行为习惯的养成，以培养学生成为在德、才两方面都适应社会需求的"全才"。

在理论基础和学科关系方面，高职英语教育是一个跨学科的专业领域，与教育学、语言学等多个二级学科有着密切联系。其规律性表现为英语教育学科的独特性，这种规律性是与其他学科不同的本质特点。英语教育涉及的不仅是语言知识的传授，还包括教育学、语言学等学科的理论基础，为学生提供更为全面的教育。

在高等职业教育领域，"人文性"和"工具性"是英语及其他语言教育的基本特征。特别是在高职高专英语教育中，"工具性"表现得尤为明显，强调培养职业能力，关注职场需求，为学生的就业和综合素质提升创造条件。高职英语教育在其内涵中融合了高等教育、职业教育与英语教学三个维度,既属于职业教育,又处于高等教育层面,同时具有英语类专业的 ESP（English for Specific Purposes）属性,直接为社会经济建设服务,培养高技能型人才,提升学生的就业竞争力。

二、高职英语教学与普通大学英语教学的区别

1. 教学要求不同

高职英语教育和普通大学英语教育有明显的差异,主要体现在学生的起点水平和教学要求上。入学时,高职英语教育的学生认知英语单词较少,约为 1000~1600 个,而普通大学英语教育的学生则已经掌握了 1800 个单词。教学任务方面,高职英语教育要求学生在学习结束时认知 2500（B级）至 3400（A级）个英语单词;而普通大学英语教育则要求学生领会或掌握 4200 个单词。

在语法方面,高职英语教育注重学生掌握基本的语法规则,能在听、说、读、写、译中正确运用;而普通大学英语教育则要求学生巩固和加深基本语法知识,提高在语篇水平上应用语法的能力。听力方面,高职英语教育要求学生听懂简单结构、发音清晰的对话和陈述;而普通大学英语教育则要求学生听懂讲课、简短会话、报道和讲话,掌握中心大意。口语方面,高职英语教育注重课堂和日常交际;而普通大学英语教育则要求学生能进行问答、复述,进行日常会话,以及就熟悉话题发表简短发言。写作方面,高职英语教育要求学生写出 80~100 词的命题作文;而普通大学英语教育则要求学生写出 120~150 词的短文。翻译方面,高职英语教育侧重将交际材料和业务文字材料译成汉语;而普通大学英语教育则要求学生将英语短文译成汉语,以及将汉语文字材料译成英语。

综合而言,高职英语教育和普通大学英语教育在学生水平和教学要求上存在差异,涉及听、说、读、写、译等方面,体现了不同的教学任务和目标。

2. 教学目的不同

高职英语教育和普通大学英语教育在教学目的上存在明显差异,主要受到培养目标和学生基本要求的影响。高职英语教育的目标是培养学生具备一定的英语基础知识和技能,以及一定的听、说、读、写、译的能力。这使得学生能

够借助词典阅读和翻译英语业务资料，进行简单的口头和书面交流，并为未来提高英语交际能力打下基础。相比之下，普通大学英语教育的目的是培养学生具有较强的阅读能力和一定的听、说、读、写、译能力，使他们能够用英语进行信息交流，同时要求学生打下扎实的语言基础，掌握良好的语言学习方法，提高文化素养。

这两者的区别在于高职英语教育更强调口头交际能力，即听说能力的培养，而普通大学英语教育更注重阅读能力的训练。高职英语教育强调实用业务英语和在涉外交际活动中的英语使用能力，突出语言的实用性和应用性。相反，普通大学英语教育更强调学生语言基础知识的培养，强调学生语言文化素养的养成。

为实现高职英语教育的目标，需要重视语言学习规律，正确处理听、说、读、写、译五个技能的关系，确保各项语言能力的均衡发展。特别需要注重加强听、说技能的培养，以适应高职英语教育的实际需求和学生素质教育的要求。此外，要适当降低英语阅读能力的要求，加强听、说能力的培养，以适应技术型人才职业岗位的特点和涉外业务交际能力的需求。同时，强调语言技能的训练，突出应用能力的培养，使学生能够将学到的知识实际应用于工作中，达到真正的学以致用的效果。

3.教学内容不同

高职英语教育注重专门用途英语教学，具有技术英语和职业英语的特色。教学内容以毕业生在实际工作中将要面对的涉外业务英语活动为核心，以此确定教学内容和目标。在内容选择上，高职英语教育以实际工作需要为导向，紧密围绕交际和实用展开，以必需、够用为度，体现了一定的针对性和实用性。教学内容不仅强调最常用的语言知识和技能，而且将语言基本功的训练与实际的日常和业务语言交际能力培养有机地结合起来。

高职英语教育强调实用业务能力的学习，注重涉及业务或专业范围的语言学习。教学内容设计紧密关联学生未来实际工作岗位中可能面临的涉外业务英语，使学生能够在实际工作环境中灵活运用所学的语言知识。

与此相反，普通大学英语教育强调学生的语言基础训练，注重扎实的基本功和语言的文化性、学术性。其教学内容更具有学术英语倾向，不仅关注语言技能的培养，还强调学生对英语语言文化的理解和学术水平的提升。

4. 教学方法不同

高职英语教育注重理论与实践的紧密结合，强调基础知识与专业技能的无明显界线。与普通大学英语教育不同的是，高职英语教育打破了先基础后理论的传统教学原则，强调基础知识与语言实践的融合，以及先语言知识后语言实践的无缝连接。

高职英语教育的教学方法突出了学与用的理论与实践的有机结合，避免了脱离实际应用的状况。教学步骤上注重语言基础与语言应用的同步，强调实际应用语言能力的培养，避免了先基础后应用的传统教学路线。这种方法不仅符合高职英语教育学时、学制的要求，更反映了实践—理论—再实践的认识过程，突出了教学内容的实用性和针对性。

另外，由于高职教育发展的时代正是各种信息技术在教育中受到重视并快速普及的时期，因此高职英语教育与信息技术有天然的联系，将信息技术纳入教育手段中，提高了课堂教学的交互性，实现了语言教学的个性化。这种教学方法适应了高职英语教育对听、说能力培养的强调，并提高了教学效率。在信息技术普及的时代，高职英语教育更灵活地运用教学手段，将理论知识与实际技能更有机地结合起来，使学生能够更好地适应实际工作需求。

三、高职英语教学的特色

突出英语的工具性和实用性

突出英语的工具性和实用性是高职英语教学的一项重要特色。语言作为一种社会现象，扮演着人类传递思想和信息的至关重要的角色。高职英语教学有着明确的任务，即培养学生的基本英语素养和发展实际应用能力。

通过英语课程的学习，学生不仅要了解基本的英语语言知识，更要掌握一定的听、说、读、写、译技能。这一过程不仅促进了学生的语言技能的提升，还让学生在思维层面有所发展。通过用英语互动，学生的思维能力得到锻炼，为他们进一步的学习打下了坚实的基础。

同时，高职英语教学强调英语的实用性，认为英语最重要的价值在于沟通。学生若能够流利地运用英语，能够用英语撰写行文流畅、用词灵活、准确达意的文章，将极大地有助于他们未来事业的成功。在现代社会中，英语作为一种国际性的语言，发挥着促进跨文化交流和国际合作的作用，因此，掌握这一语言的实际应用技能将为学生打开更广阔的职业发展空间。

四、高职英语教学的根本目标

（一）高职英语教学要求下的教学目标演变

2000年出台的《高职高专教育英语课程教学基本要求》给出了高职英语总的教学目标，即"经过180~220学时的教学，使学生掌握一定的英语基础知识和技能，具有一定的听、说、读、写、译的能力，从而能借助词典阅读和翻译有关英语业务资料，在涉外交际的日常活动和业务活动中进行简单的口头和书面交流，并为今后进一步提高英语的交际能力打下基础"。

同时，《高职高专教育英语课程教学基本要求》中对高职英语教学要求进行了明确的规定，见表2-1-1。

表2-1-1 《高职高专教育英语课程教学基本要求》中的教学目标

能力要求	A级	B级
词汇	认知3400个英语单词，包括1600个入学时要求掌握的，英汉互译；结合专业学习认知400个专业英语词汇	认知2500个英语单词，包括1000个入学时要求掌握的，英汉互译
语法	掌握基本的英语语法规则，在听、说、读、写、译中能正确运用所学语法知识	掌握基本的英语语法规则，在听、说、读、写、译中能正确运用所学语法知识
听力	能听懂日常和涉外业务活动中使用的结构简单、发音清楚、语速较慢的英语对话和陈述，理解基本正确	能听懂涉及日常交际的结构简单、发音清楚、语速较慢的英语简短对话和陈述，理解基本正确
口语	能用英语进行一般的课堂交际，并能在日常和涉外业务活动中进行简单的交流	掌握一般的课堂用语，并能在日常涉外活动中进行简单的交流
阅读	能阅读中等难度的一般题材的简短英文资料，理解正确；阅读速度不低于每分钟70词	能阅读中等难度的一般题材的简短英文资料，理解正确；阅读速度不低于每分钟50词
写作	能就一般性题材，在30分钟内写出80~100词的命题作文；能填写和模拟套写简短的英语应用文	能运用所学词汇和语法写出简单的短文；能用英语填写表格、套写便函、简历等
翻译（英译汉）	能借助词典将中等难度的一般题材的文字材料和对外交往中的一般业务文字材料译成汉语；笔译速度每小时250个英语单词	能借助词典将中等偏下难度的一般题材的文字材料译成汉语

这个表格概括了 A 级和 B 级学生在各个语言能力方面的要求，以及他们在词汇、语法、听力、口语、阅读、写作和翻译方面的不同目标。A 级要求更高，适用于入学水平较高的学生，而 B 级则是过渡要求，适用于入学水平较低的学生。

其后，教育部高等学校高职高专英语类专业教学指导委员会于 2010 年出台了《高等职业教育英语课程教学要求（征求意见稿）》，其中对教学目标的规定如表 2-1-2 所示。

表 2-1-2 《高等职业教育英语课程教学要求（征求意见稿）》中的教学目标

教学要求	内容
基础要求	（1）掌握参考词汇表中列出的 2500 个共核词汇（含在中学阶段已经掌握的词汇）以及由这些词构成的常用词组，能在口头和书面表达时加以运用。根据具体情况适当学习一些与行业相关的常见英语词汇。 （2）掌握基本的英语语法，并能基本加以运用。 （3）能基本听懂日常生活用语。 （4）能就日常话题进行简单的交流。 （5）能基本读懂一般题材的英文资料，理解基本正确。 （6）能填写表格和模拟套写常见的简短英语应用文，如简历、通知、信函等。语句基本正确，格式基本恰当。
一般要求	（1）掌握 3000 个英语单词（含在中学阶段已经掌握的词汇）以及由这些词构成的常用词组，对参考词汇表中列出的 2500 个共核词汇能在口头和书面表达时加以运用。另需掌握 500 个左右与行业相关的常见英语词汇。 （2）掌握基本的英语语法，并能在职场交际中基本正确地加以运用。 （3）能基本听懂日常生活用语和与未来职业相关的简单对话。 （4）能就日常话题和与未来职业相关的话题进行比较有效的交谈。 （5）能基本读懂一般题材和与未来职业相关的英文资料，理解基本正确。 （6）能就一般性话题写命题作文，能填写表格和模拟套写与未来职业相关的简短英语应用文，如简历、通知、信函等。语句基本正确，表达清楚，格式恰当。 （7）能借助词典将一般性题材的文字材料和与未来职业相关的一般性业务材料译成汉语。理解基本正确，译文达意，格式恰当。
较高要求	（1）掌握 3500 个英语单词（含在中学阶段已经掌握的词汇）以及由这些词构成的常用词组，对参考词汇表中列出的 3000 个共核词汇能在口头和书面表达时加以熟练运用。另需掌握 500 个与行业相关的常见英语词汇。 （2）掌握基本的英语语法，并能在职场交际中熟练运用所学语法知识。 （3）能听懂日常生活用语和与未来职业相关的一般性对话或陈述。 （4）能就日常话题和与未来职业相关的话题进行有效的交谈。 （5）能读懂一般题材和与未来职业相关的英文材料，理解基本正确。 （6）能就一般性话题写命题作文，能模拟套写与未来职业相关的英语应用文，如信函、通知、个人简历等。内容基本完整，表达基本准确，语义连贯，格式恰当。 （7）能借助词典将一般性题材的文字材料和与未来职业相关的业务材料译成汉语。译文达意、通顺，格式恰当。

2021年3月23日，为进一步完善职业教育国家教学标准体系，指导高等职业教育专科公共基础课程改革和建设，提高职业教育人才培养质量，教育部办公厅印发了《高等职业教育专科英语课程标准（2021年版）》（以下简称《标准》）。《标准》提出高等职业教育专科阶段的英语学科核心素养应包括涉外沟通、多元文化交流、语言思维提升和自主学习完善四个方面，学业质量水平具体要求见表2-1-3。

表 2-1-3　高等职业教育专科英语学业质量水平具体要求

水平分类	质量描述
水平一 （一般要求）	1-1 能基本听懂发音清晰、语速较慢的日常生活语篇和职场话题的语篇，能借助语音、语调、背景知识、语境等因素理解大意，获取关键信息。 1-2 能基本读懂、看懂职场中的书面或视频英文资料，理解主要内容，获取关键信息，区分事实和观点，并进行简单推断，领会文化内涵；能识别职场常用语篇的篇章结构与逻辑关联。 1-3 能在日常生活和职场中就比较熟悉的话题与他人进行语言交流，表达基本准确、流畅；能借助工具或他人帮助参与工作讨论；能简单介绍职场文化和企业文化；能简单用英语讲述中国故事。 1-4 能以书面形式简要表达自己的经历、观点、情感；能仿写职场常用的应用文，语句基本正确，表达清楚，格式恰当。 1-5 能就日常生活和职场中熟悉的话题和工作文本进行中英互译，满足基本沟通需求。 1-6 能制订明确的学习计划；能在教师引导下通过线上线下多种渠道获取学习资源；能在学习中比较恰当地运用学习策略和方法；能在教师指导下对自己的学习进行监控、评价、反思和调节。
水平二 （较高要求）	2-1 能听懂一般语速的日常生活语篇和职场话题的语篇，获取关键信息，较好地理解说话者的观点和意图。 2-2 能读懂、看懂职场中的书面或视频英文资料，能较为准确地提取细节信息，概括主旨要义；能识别语篇传递的事实性信息和隐含信息，理解语篇传递的主旨、意义和情感；能理解职场常用语篇的篇章结构与逻辑关联；能对语篇中的关键信息进行归类和总结；能根据语篇中的证据和数据，作出基本的分析和推断。 2-3 能在日常生活和职场中就相关话题与他人进行语言交流，表达较为准确、连贯、流畅；能描述语篇中不同文化现象的异同；能在职场交流中较为恰当地表达自己的观点、情感、态度；能较为详细地介绍职场文化和企业文化；能用英语较为生动地讲述中国故事。 2-4 能以书面形式较好地表达自己的经历、观点、情感；能用英语写出职场常用的应用文，语句正确，表达清楚，格式恰当。 2-5 能就日常生活和职场中的相关话题和工作文本进行中英互译，较好地满足沟通需求。 2-6 能主动制订合理的学习计划；能较为自主地利用线上线下多种渠道有效获取丰富的学习资源；能养成自主学习习惯，在学习中较为有效地运用学习策略和方法；能自主地对自己的学习进行监控、评价、反思和调节。 2-7 能达到相关行业或社会考试证书要求的英语语言知识和应用能力水平

续表

水平分类	质量描述
水平二	由于不同学校开设的拓展模块课程差异较大，难以制定统一的评价标准。各学校可根据学校人才培养目标和学生需求，基于不同类型课程的教学大纲，在水平一的基础上，自行制定水平二的学业质量要求，对学生进行考核

（二）高职英语教学的根本目标

因此，根据前文所述，高职英语教学的根本目标可以概括为以下几个方面。

1.确保听、说、读、写、译各项语言能力协调发展

高职英语教学的根本目标之一是确保听、说、读、写、译各项语言能力协调发展。这一目标反映了对学生全面语言素养的追求，旨在培养学生在不同语言层面上的均衡发展。

首先，听力能力的培养是教学的重要方面。通过提供日常和业务领域的英语听力材料，学生将能够在实际交际中更好地理解结构简单、发音清楚的对话和陈述。语速适中的材料有助于学生逐步适应不同语境下的听力挑战，确保他们在涉外业务活动中能够流利理解英语。

其次，口语交流能力的培养同样至关重要。通过课堂讨论、角色扮演和实际交际活动，学生将能够运用所学的语言知识进行一般性的课堂交际，并在日常和业务活动中进行简单的口头交流。这有助于他们提高表达清晰、语音标准、语调正确的能力，为实际应用做好准备。

再次，阅读和写作是培养语言综合能力的另两个重要方面。通过阅读中等难度的英文资料，学生可以理解各种题材的文章，提高阅读速度和理解能力。在写作方面，学生将通过命题作文和模拟应用文的实践，培养用英语进行书面表达的技能。这有助于学生在不同场景下用英语撰写清晰、规范、内容合理的文章。

最后，翻译能力也是综合语言能力的一部分。学生将通过翻译中等难度的英语文章，掌握英汉互译的能力，确保在实际应用中能够准确传达信息。这对于提高学生的语言运用能力和应对实际工作中可能遇到的翻译需求至关重要。

综上所述，高职英语教学的根本目标之一在于确保听、说、读、写、译各项语言能力协调发展，为学生打下坚实的语言基础，使其能够在职业和社交场

景中更为自如地运用英语。这一目标的实现将为学生的综合语言素养奠定坚实的基础。

2.英语知识学习和实际语言应用能力培养并重

高职英语教学的第二个根本目标之一是英语知识学习和实际语言应用能力培养并重。这一目标强调了理论学习与实际运用的平衡,旨在使学生不仅能够掌握英语的基础知识,而且能够在实际情境中灵活应用这些知识。

首先,英语知识学习方面,学生将在教学过程中系统学习英语的词汇、语法规则等基础知识。这包括对单词、词组、句型的掌握,以及对语法结构的理解。通过系统的知识学习,学生能够建立起对英语语言体系的清晰认识,为后续的语言运用提供坚实的理论基础。

其次,实际语言应用能力的培养是教学的关键。通过模拟实际情境、角色扮演、实地交流等方式,学生将有机会将所学知识应用到实际生活和工作中。这有助于培养学生在真实场景中运用英语进行交际的能力,提高他们的实际语言应用水平。

最后,教学过程中还应注重将英语知识与实际应用相结合,例如通过实际案例、业务文档等教材,让学生在学习的过程中直接接触和理解真实的英语应用情境。这样的教学设计有助于学生更好地将所学知识转化为实际操作的能力。

英语知识学习和实际语言应用能力培养并重的目标旨在使学生既能够理解和掌握英语的基础知识,又能够在实际生活和职业场景中运用这些知识,实现知行合一,提高学生的语言综合素养。这一目标的实现将为学生在未来的职业和社交活动中更加成功地使用英语打下基础。

3.尊重学生个性,培养自主学习能力

尊重学生个性,培养自主学习能力是高职英语教学的重要目标。这一目标强调了在教学过程中应充分考虑学生的差异性,尊重每个学生的独特性格、学习习惯和个性喜好。正如古人所言,"世上没有完全相同的两片树叶",每位学生都是独一无二的。

高校学生来自不同地区,拥有各异的英语基础和学习习惯。因此,教师在制订教学方案和目标时,应根据教育的基本规律和学生的特点,采取个性化的教学方法，避免采用"一刀切"或生产线模式培养学生。个性化的教学方式有助于挖掘每个学生的天赋和潜能，释放他们与众不同的特质。

人文学科的特点决定了高职英语教学要注重培养学生的人文素养，尊重他们的个性。这既包括语言技能的培养，也包括对学生思维品质和情感态度的关注。通过对学生的综合素质培养，可以使其更好地适应社会发展和国际交流的需要。

另外，在尊重学生个性的同时，也要培养他们独立自主的学习能力。这是为了让学生在未来的终身学习和职业发展中能够更好地适应变化。学以增智，学以怡情，学以养德，这样的学习理念旨在培养学生全面发展，不仅关注知识和技能的获取，更注重品德和情感的培养。

总体而言，尊重学生个性，培养自主学习能力是高职英语教学中关键的目标，它既关乎学生个体的成长，也关系到英语教学的质量和效果。

4. 拓宽视野，提高综合文化修养

在当前信息时代，社会变化日新月异，各种思潮相互激荡，学生面对复杂多变的社会现象和多方面的考量时，常常感到彷徨和失落。许多学生习惯了衣来伸手、饭来张口的生活，缺乏对社会的深刻认识和对他人的尊重。这也反映在学生面对学业、情感、职业选择时的困扰上，学生在面对各种挑战时不知所措。

高职英语教学的方向似乎更注重英语的实用性，而忽略了对学生整体素质的培养。学生追求急功近利，只关注英语语言技能的提高，而忽视了中西文化素养的重要性。这导致了在英语技能不断提高的同时，学生的文化修养却在缺失且日趋严重。

为解决这一问题，高职英语教师在设计课程时应注重对学生文化素质的培养和世界文化知识的传授。通过引入有益于提高学生综合素养的人文知识，教师可以帮助学生更好地理解世界、增强社会责任感，从而使英语教学更具全面性和深度。这不仅有助于学生个体的成长，也有益于整个社会的发展。

第二节 高职英语教学改革与演进

一、高职英语教学改革的历程

我国高职英语教育改革经历了多个阶段,其演变反映了对社会需求和学科特点的不断认识与适应。

中国高职英语教育改革的历程可追溯至 20 世纪 80 年代,当时国家建立了首批职业大学,试验性地推动了职业技术教育。1985 年,政府提出试办专科学校和短期职业大学,标志着高职英语教育进入了试验阶段。这一时期,在教育体制改革的推动下,职业技术教育逐渐受到国家的关注。

20 世纪 90 年代至 21 世纪初,高职英语教育进入了逐步发展阶段。政府决策力度加强,教育部进行了高等教育结构调整,实施"三教统筹",为高职英语教育的规范化奠定了基础。与此同时,国家示范性高职学校建设项目的推进使高职院校在内涵建设方面取得了显著成果。

高职英语教育改革逐渐凸显在政策法规中。教育部分别于 2000 年、2008 年相继颁布了《高职高专教育英语课程教学基本要求》和《高等职业教育英语课程教学基本要求》,提出了实用性和应用能力培养的原则。同时,成立高职英语类专业教学指导委员会,为高职英语教育的指导与规范提供了更为系统的支持。

随着教育改革的不断深化,高职英语教育面临新的挑战。国家要求高职院校更好地适应社会需求,培养面向生产、建设、服务和管理第一线的高技能人才。在结构性调整的背景下,高职英语教育需要灵活应对生源减少的问题,注重培养适应国际化竞争的英语人才。与此同时,国际交流与合作的鼓励也为高职英语教育注入了新的发展动力。

总体而言,中国高职英语教育改革历经试验、逐步发展、政策支持等多个阶段，不断完善，与时俱进。随着社会需求和国家政策的不断演变，高职英语教育在培养应用型、国际化高水平的英语人才方面仍需不断努力，以更好地适应时代的发展。

二、高职英语教学现状分析

高职英语教育在我国起步较晚，与本科英语教育相比，仍存在一系列问题，涉及课程设置、师资力量、评价方式等方面。尽管高职院校普遍开设公共英语课程并取得一些成绩，但同时面临一些制约其发展的问题。这些问题对高职英语课程的健康发展产生负面影响，导致学生的英语水平相对较低，就业时缺乏足够的社会竞争力，因此高职英语教育的整体状况值得关注。

（一）教学发展不平衡

教学发展不平衡是当前高职英语教育面临的一个突出问题。我国地域辽阔，各地区之间的经济、政治和文化发展水平存在显著的差异，这种差异在教育领域表现为学生的英语基础水平、认知能力、理解能力和记忆能力等方面的差异较大。不同地区的学生在接受英语教育的起点和基础上存在较大差异。

另外，我国高职院校的生源相对较为复杂，学生的英语水平差异较为明显，包括一些英语成绩较差的学生。这导致了高职学生群体的异质性，使教师在课堂教学中面临应对不同水平学生的挑战。

因此，解决高职英语教学发展不平衡的问题需要从不同地区的差异性和生源异质性出发，采取有针对性的教学策略和资源配置，以提高整体教学水平，确保每位学生都能够在英语学科上取得良好的学习效果。

（二）教学资源匮乏

高职英语教育面临教育资源匮乏的问题。首先，教材资源相对有限。部分高职院校可能受到经费、编制等方面的限制，导致教材更新不及时，难以跟上英语教学领域的最新发展和需求。过时的教材内容可能无法满足学生对实际应用英语能力的培养需求，从而影响教学质量。

其次，教师队伍和培训资源也存在不足。部分地区或学校可能因为各种原因无法拥有足够数量和质量的英语教师，而且在教师培训方面的资源也可能不足，无法及时提升教师的专业水平和教学能力。

此外，现代化教学设备和信息技术支持方面也存在短板。一些高职院校可能面临缺少先进的语音实验室、多媒体教室等教学设备，以及缺少先进的教育技术支持的问题，这制约了教学手段的创新和教学质量的提升。

解决教学资源匮乏的问题，需要通过加大对高职英语教学的经费支持，更新教材、提升教师队伍素质，以及引入先进的教育技术设备，以确保学校能够提供更丰富、更有效的教学资源，促进高职英语教学的全面提升。

（三）教学模式传统单一

高职英语教学模式传统单一是另一个亟待解决的问题。当前一些高职院校的英语教学模式相对较为传统单一，主要以传统的课堂讲授为主导，缺乏创新性和多样性的教学手段。这种传统单一的教学模式可能导致学生对英语学习的兴趣不足，难以激发其学习动力。

在传统单一的教学模式中，注重语法、词汇等基础知识的灌输，而较少关注实际语言运用能力的培养。这使得学生在毕业后面临实际应用场景时可能感到乏力，缺乏实际交流能力。同时，传统模式未能充分利用现代技术手段，如多媒体教学、在线学习平台等，以提高教学效果，丰富学生的学习体验。

要改变高职英语教学模式传统单一的状况，需要引入更加灵活多样的教学方法，注重培养学生的实际语言运用能力。可以通过项目化教学、任务型教学等创新手段，使学生能够在实际场景中运用英语，培养其综合语言能力。同时，结合现代科技手段，将在线学习、虚拟实验等教学资源充分融入课堂，增加教学的多样性和趣味性，激发学生学习的兴趣。这样的教学模式变革有助于更好地满足学生的学习需求，提高高职英语教学的质量。

（四）忽视学生的主体作用

在高职英语教学中，存在忽视学生的主体作用的情况。通常情况下，教师在教学过程中充当主体的角色，但这并不意味着可以完全忽视学生的主体作用。在一些课堂中，教师可能过于强调传统的"灌输式"教学，导致学生在课堂上缺乏实践的机会，只能被动地接收语言知识。

在实际的课堂教学中，教师通常提前备课，将准备好的内容传授给学生。这样的教学方式可能会使学生的实践机会受到限制，而学生在课堂上只能被动地接收语言知识，缺乏主动参与的机会。

然而，英语学习的任务是学习而不是仅仅接受教学。有效的语言教学应该顺应自然的学习过程，注重学生的主动性和实践性。在课堂教学中，应该通过有效的教学设计调动学生的积极性，使他们能够真正成为学习的主人。

为解决这一问题，教师应该在课堂上采用更加灵活的教学方法，注重学生的实践和参与。通过引导学生运用新的语言知识，将其与既有知识结合，使学生具备实际应用的能力。同时，教师应该关注学生的学习需求，采用个性化教学手段和方式，促使学生更加积极地参与学习过程。

总体而言，高职英语教学需要更好地发挥学生的主体作用，通过创设积极活跃的学习氛围，使学生在课堂中能够更主动地参与语言学习，提高学习效率。

（五）唯分数是问，应试教育思想明显

在高职院校的英语考核评价体系中，存在一系列问题，主要体现为唯分数是问，应试教育思想明显，以及缺乏科学的评价。这些问题严重制约了英语教学的全面发展和学生英语能力的真实展现。

首先，期末英语测试通常由本校老师命题，这一做法导致了考试的难易程度不一，考查内容过于注重英语基础知识，而忽视了对英语语言应用能力的测试。这种情况反映了唯分数是问的思想，即便考试内容多样，但仍然主要关注知识点的记忆和书本知识的传递。缺乏开放性题目，学生在考试中无法展现独立思考和创造性解决问题的能力。

其次，考试形式主要集中在笔试方面，忽略了对听力、口语等方面的测试。这造成了对学生英语综合能力的片面评价。英语作为一门综合性的语言学科，其应用能力、交际能力在实际生活中扮演着重要的角色。然而，考试形式的单一化使得学生在听说方面的能力得不到充分的体现，削弱了评价的全面性。

最后，期末一次性考核模式难以准确显示学生真实的英语水平。在这种情况下，学生可能会过度依赖临时的复习，而无法形成系统性的英语学习和运用习惯。加之，平时成绩主要集中在考勤与平时作业，这些因素难以全面评估学生的英语能力。这种单一的考核方式对学生的全面发展并不利。

最为严峻的问题在于，高职院校要求学生必须通过英语 A、B 级测试，使

这两个级别的测试成为学生学习英语的唯一动力。这导致唯分数是问的现象进一步加剧，学生只追求测试过关而忽略了真正的英语学习价值。教育应该是激发学生学习兴趣，培养他们的创造力和实际运用能力，而非简单地通过考试来获得证书。

为了解决这些问题，高职院校需要进行英语考核评价体系的全面改革。首先，应该注重综合能力的考核，通过引入更多开放性题目、实际应用题目等，来评价学生的语言综合运用能力。其次，多元化的评价方式应该涵盖听力、口语等方面，以更全面地了解学生的英语水平。最后，期末一次性考核模式需要逐步转变为多次、多角度的考核，包括平时考核、小测、项目考核等，以更准确地反映学生的英语能力。最重要的是，应该消除过分依赖 A、B 级测试的倾向，通过更具针对性和实际意义的评价方式来激发学生学习英语的主动性。

在改革的过程中，高职院校需要明确英语教学的目标，使其更加符合实际应用和学生个体发展的需求。此外，教师培训也至关重要，以确保教育者理解和适应新的评价体系。通过这些改革，我们可以更好地推动高职英语教育的发展，培养出更具实际应用能力的英语专业人才。

（六）没有充分运用人工智能等新技术

目前，高职院校在英语教学方面存在着一系列问题，其中之一是没有充分运用人工智能等新技术。高职院校办学规模小，教学设备滞后。由于资金紧张，大多数学校更注重基础设施建设而忽视了对教学所需的先进设备的投入，尤其是语音室、多媒体教学设备等，导致英语教学一直停留在传统的教学模式中。

这种传统教学模式主要表现为"粉笔＋黑板＋课本""老师讲，学生听"的模式，缺乏先进的教学设备和技术支持。这严重阻碍了英语教学的创新和发展，使得学生难以在真实的语言交流环境中学习，也无法感受到丰富的文化氛围。缺乏现代教育技术的支持，课堂教学显得单一和乏味，学生的学习兴趣和积极性受到影响。

尽管部分学校引入了信息技术，采用"慕课""微课"等教学形式，但仍然存在问题。教材仍然是主导教学的唯一辅导工具，教学手段缺乏创新，信息技术仍未能充分发挥作用。有些学校由于条件有限，设施落后，难以充分利用信息技术进行教学改革。同时，教师对信息技术的运用理解不够，导致教学中仅仅是形式上的应用，未能真正提高教学效果。

因此，解决这一问题需要学校在设施投入上加大力度，提升教学设备水平，特别是要注重建设语音室，增加多媒体教学设备等。同时，应鼓励教师积极学习和运用人工智能等新技术，培养其对信息技术的深刻理解，并将其灵活运用于课堂教学中。通过建设信息化学习环境，实现课堂的多元化立体化，提高学生的学习兴趣和参与度。充分运用人工智能等新技术，可以使英语教学更富有活力，更贴近学生的实际需求，推动高职英语教学走向更加现代化的道路。

三、深化高职英语教学改革的理念

（一）教学改革要以生为本

《国家中长期教育改革和发展规划纲要（2010—2020年）》明确提出，要坚持"以人为本"的教育理念，推动教育从应试教育向素质教育转变，注重学生的全面发展和个性化成长。这一纲要的核心思想是"以生为本"，要求在教学过程中更加关注学生的个性需求和创新能力的培养。在高职英语教学中，贯彻这一教育改革方向，突出以学生为中心的教学方式，已成为必然趋势。

首先，教学要从传统的框架中突破出来，引领高职英语教学走向现代化。传统的教学方式往往以教师为中心，学生被动接受知识。而"以人为本"强调学生的主体作用，要求教学更加注重学生的需求和特点，激发他们的学习兴趣和动力。这需要教师更新教学理念，转变教学方式，积极探索适合学生的现代化教学方法。

其次，教学改革要以生为本，即将学生的需求、兴趣、特长等因素纳入教学设计的考量范围。高职英语教学不应仅仅关注基础知识的灌输，更要培养学生实际运用英语的能力。因此，教学内容和方法应更贴近学生的实际需求，注重实际语境中的语言运用，提高学生的实际交际能力。

同时，教学理念的改变也需要教师从传统的"传道授业解惑"中解脱出来，更注重引导学生自主学习。教师要成为学生学习道路上的引路人，激发学生的学习兴趣，培养他们的自主学习能力。这意味着教师需要不断提升自己的教学水平，熟练运用先进的教学技术和工具，更好地适应学生的学习方式。

（二）注重学生个体差异

高职英语教学改革的另一重要理念是注重学生个体差异。这体现在两个方面。

首先，个性化教学的实施是为了更好地考虑学生的学科需求和发展需求。在高职英语教学中，学生所学专业可能会对英语知识和技能有不同的侧重点，因此需要根据学科需求调整教学内容。同时，学生在英语学习过程中的发展需求也是多样化的，有些可能更注重口语表达，而有些可能更关注写作能力。为此，教师可以制订差异化的教学计划，以满足学生个体差异的需求。这样的差异化教学能够更好地激发学生学习的兴趣，提高学习的效果。

其次，引导学生发现和发展个体潜能是个性化教学的重要组成部分。为了实现这一目标，教师需要提供多元化的学习资源，包括但不限于教材、网络资源、实践机会等。通过多元的学习资源，学生可以更灵活地选择适合自己学习风格的内容，从而更好地发现和发展个体潜能。同时，鼓励学生追求个性化的学习路径也是关键。每个学生都有自己的学习方式和节奏，因此教师应该在教学中为学生提供更多的选择，让他们更自主地掌握学习的主动权，培养他们在英语学习中的自我认知和学习动机。

（三）充分融合技术与教学

高职英语教学改革的第三个重要理念是充分融合技术与教学。在当今数字化和信息化的时代，技术的发展为教学提供了丰富的工具和可能性，因此将技术与教学充分融合成为推动教育变革的关键之一。

首先，技术在高职英语教学中的应用可以提升教学的效率和质量。利用现代技术手段，如智能化教学平台、在线学习资源、虚拟实验室等，教师可以更灵活地组织和管理教学过程。学生也能够通过电子学习材料进行自主学习，随时随地获取所需知识，提高学习的灵活性。这种高度技术化的教学方式有助于激发学生的学习兴趣，培养他们的自主学习能力。

其次，融合技术与教学还可以拓展教学手段，提供更多样化的教学体验。例如，通过虚拟现实（VR）和增强现实（AR）技术，可以为学生创造更丰富、更真实的语言学习环境，提高他们的沉浸感和参与度。同时，利用在线协作工具和社交媒体平台，学生可以更便捷地展开语言交流，增强实际语言运用能力。这种多元化的教学手段有助于满足学生不同学习风格和需求，提高教学的针对性和适应性。

总体而言，充分融合技术与教学是高职英语教学改革的必然趋势。通过合理运用先进技术，教师可以更好地满足学生的学习需求，提高教学的效果和吸引力。这种技术与教学的融合将为高职英语教育注入新的活力，推动教育不断创新发展。

（四）服务于学生终身发展

高职英语教学改革的第四个关键理念是服务于学生终身发展。在实现"实用为主""够用为度"的同时，高职英语教育也应当兼顾学生的综合素质培养和可持续发展。随着社会经济的迅速发展和经济结构的变化，对人才素质提出的要求也在不断演变，其中英语能力作为一项重要素质同样受到了挑战。为适应这一变化，高职院校的英语教学改革需要更具前瞻性和可持续性。

首先，高职院校应当构建英语学习资源库，为学生提供多样化、丰富的学习资源。这包括但不限于在线课程、教育应用软件、多媒体教材等，以满足学生不同层次、不同需求的学习。通过构建资源库，学生可以更灵活地选择适合自己学习风格和水平的教材，实现个性化学习。

其次，高职英语教学应当注重培养学生的自主学习能力，为其创造积极的学习氛围。引导学生形成主动学习的意识，培养他们自主获取知识的能力，这有助于学生适应未来学习的需要。为了激发学生的学习兴趣，教师可以通过设计富有创意的教学活动和项目，使学习变得更有趣味性和挑战性。

终身学习是21世纪最重要的学习理念之一，因此高职英语教学改革的目标之一是培养学生的终身学习能力。这意味着教师不仅要注重学科知识的传授，更要关注学生协作学习能力和创新学习能力的培养。这些能力不仅在当前的学业中有所体现，更是学生终身发展的关键因素。

第三节　人工智能对高职英语教学的影响

一、英语教学需要人工智能技术的支持

（一）英语教学改革需要人工智能技术

在中国，英语教学的效果一直备受争议，学生学习英语更多地集中在追求考试成绩，而实际应用能力却常常被忽视。问题的关键在于学生的英语交流能力不高，许多人经过多年的学习后仍无法实际运用英语，形成了一种"哑巴式"的学习状态。这种状况与全球化、国际化的新形势明显不符，因此，英语教学改革势在必行。

英语教学中存在的问题根源复杂。首先，传统的教学模式过于注重应试，导致学生更关注于获取高分，而忽视了实际语言运用的能力。其次，英语教学缺乏个性化，未能满足学生不同的学习需求和兴趣，导致学生难以产生浓厚的学习兴趣。最后，教学资源有限，师生之间的互动和沟通相对较少，难以形成良好的学习氛围。

在全球化、国际化的新形势下，英语作为国际通用语言，其实际应用能力对于个人的发展至关重要。然而，现有的英语教学模式无法满足社会对英语应用能力的需求，因此英语教学改革势在必行。为了更好地适应个性化人才培养的需要，可以借助日益成熟的人工智能技术，从根本上破解英语教学中存在的教学质量与教学效果不佳的困境。

人工智能与英语教育的深度融合为英语教学改革提供了新的思路和可能性。通过人工智能技术，教师可以根据学生的学习情况和特点进行个性化定制，为每个学生提供符合其需求的教学内容和方式。这有助于激发学生学习的主动性和积极性，提高学习效率。人工智能还能够模拟真实语境，提供更生

动、实际的语言环境，帮助学生更好地理解和运用英语知识。通过虚拟场景的创造，学生可以在更真实的情境中进行语言学习，提高语言交流能力。人工智能还可以实现教育资源的共享和拓展，打破地域限制，让更多的学生能够接触到高质量的英语教学资源。

人工智能与英语教育的深度融合将推动英语教学模式的创新。传统的课堂教学将逐渐被更灵活、个性化的学习方式取代。学生可以通过在线学习平台随时随地获取学习资源，根据自己的学习进度和兴趣进行学习。教学内容将更贴近实际应用，注重培养学生的实际语言运用能力。同时，教师的角色也将转变为学习引导者和资源提供者，与学生形成更为紧密的互动关系。

综合而言，技术服务教育将助推英语教学改革。英语教育需要更加注重实际应用能力的培养，而人工智能的深度融合为此提供了有效的途径。通过创新教学模式、提供个性化学习、模拟真实语境，人工智能将助力培养更具实际应用能力的英语人才，适应全球化、国际化的新时代。

（二）英语学习需要人工智能技术

英语教学一直与技术的发展应用紧密相连，不断受益于新技术的引入。从早期的留声机播放标准英语发音，到无线广播应用于远程教学，英语学习始终在技术的推动下不断发展。历经留声机、盘式录音机、语言实验室等多个阶段，英语教学逐渐形成了多元化的教学环境。

随着时代的进步，现代技术如多媒体计算机和网络成为英语教学中的重要组成部分。这些技术的引入为英语教学提供了丰富的资源和便利的学习环境。不仅电化教育部门在大学中崭露头角，而且电视机、录像机等视听学习工具的应用也为学生提供了更广泛的学习渠道。

新技术的飞速发展不仅改变了教学环境，也催生了学习方式的变革。语言作为人类沟通和获取信息的重要手段，与技术的结合越发紧密。在这一背景下，人工智能领域的机器翻译、自然语言理解、语音识别技术等成为英语学习中不可或缺的一部分。

中国在人工智能语音识别领域处于领先地位，准确率已经达到97%以上，并且响应速度极快。这使得机器能够听懂人类语言，实时给予反馈，为英语学习提供了高效支持。特别是语音识别技术的应用，使学习者能够进行更为有效的听、说练习，促使英语学习更趋于实用性和个性化。

在人工智能的带动下，英语学习正逐步走向更智能化的时代。学生和教师都能感受到技术给英语学习带来的巨大便利，同时提高了学习的趣味性和效率。未来，随着人工智能技术的不断创新，英语学习将更加个性化、智能化，进一步满足学生不同层次和需求的学习。这一融合将推动英语学习向更高水平迈进，为更广泛的人群提供更好的英语学习体验。

二、人工智能在英语教学中的优势

人工智能凭借其关键技术优势，正在为英语学习领域带来革命性的变化。在个性化学习、游戏化学习、情境认知等方面，人工智能正逐渐展现其身手，为教育变革提供了不可替代的新技术支持。

（一）量身打造的英语水平测试

人工智能支持的英语学习软件通过量身打造的英语水平测试，为学习者提供了个性化学习的基石。在学习者正式开始学习之前，系统通过全面的定级测试深入评估听力、发音、阅读、语法、词汇等方面的表现，为学习者提供清晰而准确的英语水平反馈。

这项测试覆盖了多个关键技能，包括听力、口语、阅读、写作等。测试结果不仅是简单的分数，更是通过具体描述，向学习者展示了他们在各个方面的英语水平。例如，听力方面是否能够轻松理解与个人生活息息相关的话题，口语方面是否能够从容谈论学校、工作、每周计划、季节天气等日常话题，阅读方面是否能够理解日常简单的材料，写作方面是否能够书写简短的信息和留言。

通过各项技能的具体描述，学习者能够清楚地了解自己当前的英语水平，并在听、说、读、写等方面明确自己的强项和薄弱项。这样的个性化反馈为学习者提供了明晰的学习方向，使他们更具针对性地制订学习计划。

基于测试结果，系统为学习者提供了相应的学习内容，并引导学习者根据个人的学习基础和需求，定制个性化学习模式。这包括每周学习的天数、每天学习的时长等方面的个性化设置。每个学习者可以根据自己的学习基础和能力，制订合适的学习计划，以更有效地推动英语水平的提升。

个性化学习模式的建立不仅满足了学习者的个性化需求，更激发了他们的学习动机。学习者根据自己的学习基础、能力，自定步调，更主动地参与学习，从而保持学习的积极性和持续性。这种个性化的学习模式使学习者更加投入，更有目标感，为后续学习提供了坚实的基础。

除了学习模式，根据测试结果，系统还能够为学习者设定合理的个性化学习目标。通过系统根据学习者的水平提供相应的学习内容，学习者可以明确自己的学习方向和目标。这种个性化的学习目标激发了学习者更有目标感地参与学习，提高学习的效率。

在整个个性化学习体系的支持下，学习者能够更深入地理解自己的英语水平，并在个性化的学习模式中找到最适合自己的学习步调。这一整套学习体系标志着英语学习正朝着更智能、更高效的方向迈进。

（二）实时在线的英语老师

随着科技的不断发展，传统的英语学习方式逐渐面临挑战。传统方式主要依赖跟读，但由于教师发音可能不标准，学生难以确保自己发音准确。然而，随着语音识别技术的进步，系统能够准确地听懂学习者的声音，为英语学习提供了全新的可能性。

语音识别技术的应用使得学习者可以通过系统反复听读，并获得逐句打分的反馈。系统根据发音准确度和流利度进行评分，并为学习者提供详细的纠错建议。这种机器对学习者发音的实时反馈极大地促进了学习者的自主学习和练习。

通过机器的反馈和纠错，学习者在学习英语时更加勇于大胆开口，不再完全依赖教师。这种自主学习的方式使得学习者在学习内容、学习方式和学习时间上更具灵活性。学习者可以随时随地进行语音练习，根据自己的进度和需求调整学习计划，实现更加个性化的学习体验。

这一创新的学习方式为英语学习者提供了更为灵活、高效的学习途径。学习者不仅能够在自主学习中提高发音准确度，还能够更加自由地掌握学习节奏。因此，实时在线的英语老师，结合语音识别技术的应用，为学习者提供了更加便捷、有效的学习平台，推动着英语学习方式的进一步创新。

（三）灵活智能评测口语能力

随着全球化的不断推进和国际化交流的增多，英语交际能力的重要性日益凸显。为了促进学生口语能力的进步，开展英语听说考试成为一种有效的手段。然而，传统口语测试存在组织难度大、成本高的问题，而且评价往往较为主观。

传统口语测试主要侧重于判断发音、连读、意群、语调等是否正确，评价过程容易受到主观因素的干扰。当前的英语口语考试也常采用一幅或一组图画，要求考生用英语描述图画表现的故事，以考查学生灵活应用英语的能力。

在这一背景下，借助智能语音技术的英语听说智能测试系统应运而生。该系统可以实现自动化考试和评分，使评分更加客观准确，避免了人工评分中可能存在的主观因素，如评分者的个人能力、情绪状态和疲倦程度等对评分结果的影响。

通过智能语音技术，考生可以在系统面前进行口语表达，系统会自动分析和评估其发音准确性、语法运用、词汇运用等方面的表现。这种智能评测口语能力的方式不仅高效便捷，而且更加客观公正，为学生提供了更为公正的英语口语测试环境。

此外，智能语音技术还能够提供即时的反馈，帮助学生及时纠正发音错误、语法问题等，促使其在口语表达方面不断改进。通过智能语音技术评测口语能力，学生可以更好地适应全球化背景下的英语沟通需求，提高口语交际能力。

（四）高效准确记录教学数据

智能化的英语教学平台为学生提供了全面追踪学习数据的机会，实现了对点滴进步的精准记录。相比传统课堂教学，智能化教学平台具有更强的个性化关怀和数据分析能力，为教师和学生提供了更全面的支持。

传统课堂教学中，由于教师的精力和时间有限，难以兼顾每个学生的学习特点，也难以制定个性化的学习方案。而智能化教学平台充当了课堂教学的"第三只眼"，能够记录下每一个教师和学生在课堂上的互动结果，实现学习数据的全程追踪。这样的记录不仅能够反映学生的学习过程，还为教师提供了有力的数据支持。

通过云计算、机器学习、语音识别等技术，智能化教学平台深度分析学生的学习行为与学习数据。教师可以利用自动生成的数据统计与分析图表，全面了解学生的学习特点，发现学生的擅长和不足之处。这种数据分析的方式能够帮助教师更好地制定个性化的学习方案，使学生的学习更为精准和高效。

学生通过查看自己的学习数据，可以清晰地了解自己的学习进展和不足之处。这种自主查看学习数据的方式使得学生能够更主动地调整学习策略，找出问题所在并及时改进。学生在这个过程中扮演了更为积极的角色，增强了学习的自我管理能力。

英语教师通过对学生学习分析数据的合理运用，能够更加精准地规划学习路径，实时干预学习行为，为教学决策提供科学的依据。通过了解学生的学习状态、情绪变化等信息，教师可以及时调整教学策略，提供更有针对性的支持，增强了教学的个性化和灵活性。

（五）科学分析有效提高学习效率

传统的英语学习方式在我国学校教育中已经存在几十年，主要以词汇和语法为起点，但大多数学生仍然难以流利地运用英语进行自由交流，反映了传统英语教育效率较低的问题。词汇学习常常面临困难，阅读原著也需借助翻译工具，学生需要做大量题目才能暴露知识点欠缺的地方。为了提高英语学习效率，应当借助人工智能技术对传统学习方式进行改革。

传统教学往往采用题海战术，学生需要做大量的练习题目，而教师则通过批改作业来发现学生的知识点欠缺。相比之下，利用人工智能技术可以帮助拆分知识点，并为学生进行精细化匹配。通过给学习内容、学习风格、倾向性、难易度、区分度等"打标签"，人工智能系统能够智能侦测学生的英语学习盲点和重复率。这样的智能系统可以指导学生避免重复学习，减少学习时间，从而提高学习效率。

对于教师而言，拥有学生全套的学习轨迹数据可以大大提高教学效率。通过人工智能系统，教师能够更好地了解学生的学习状态、学习特点和难点。在提供教学服务时，教师可以根据学生的具体情况制订个性化的教学计划，有针对性地进行指导。这种智能化的教学服务不仅提高了教师的工作效率，也增强了学生的学习体验。

因此，利用人工智能技术改革英语学习方式，通过精细化匹配、智能侦测学生盲点和重复率，可以显著提高学习效率。这种改革不仅符合现代学习理念，也为英语教育带来了更为科学、个性化的学习方式。

三、人工智能视野下英语教学发展趋势

（一）人工智能与英语教学深度融合

1. 实时语音交互的普及

随着语音识别技术的不断进步，实时语音交互将成为英语教学的主流。学生可以通过与人工智能系统进行实时对话，得到即时的语法纠正和发音指导。这种趋势将增强学生口语表达的信心，提高语言实际运用能力。

2. 智能辅助批改与反馈

人工智能系统能够智能辅助批改学生的作业和考试，提供详细的反馈。这种趋势将减轻教师的工作负担，同时帮助学生更清晰地了解自己的错误，并在下一步学习中进行纠正。教学反馈将更加及时、个性化。

3. 智能化课堂互动

利用人工智能技术，教师可以实现更智能化的课堂互动。智能化教育平台可以根据学生的实时反馈，动态调整教学内容和难度，使得课堂更贴近学生需求，提高学习效率。这种趋势将推动英语课堂向更加个性化、互动性强的方向发展。

4. 跨语言交流的促进

人工智能在翻译和跨语言交流方面的应用将进一步推动不同语言之间的交流。学生可以利用智能翻译工具更轻松地学习其他语言，促进多语言的学习和交流。这种趋势将培养学生更广泛的语言能力，推动国际教育的发展。

5. 人工智能教育助手的普及

教育助手将成为学生学习的得力伙伴。通过人工智能教育助手，学生可以随时随地获取学习建议、答疑解惑，增强学习的连续性和自主性。这种趋势将为学生提供更全面的学习支持，促进学科知识的深入掌握。

（二）英语学习个体化的特征会更明显

在人工智能的支持下，英语学习的个体化特征将更加明显。通过数据分析，教师可以深入了解每个学生的学习风格、心理状态以及知识与技能的发展状况，从而为其设计个性化的学习方案。一些创新型的人工智能工具和平台进一步推动了英语学习的个性化发展。

举例来说，微软推出的工具"微软小英"集成了语音识别、口语评测、自然语言处理和语音合成等人工智能技术，为学生提供智能的人机交互服务。这种工具能够深入了解学生的学习需求，通过个性化的反馈和指导，帮助学生更有效地进行英语学习。盒子鱼（BOXFISH）则运用深度学习和大数据挖掘技术于在线教育平台，为学生提供个性化的英语学习体验。这些创新性的平台借助人工智能的强大分析能力，使得教学更具针对性，关注学生个体差异。

人工智能的引入使得英语自主学习和个性化学习成为可能。学习者可以根据个人兴趣爱好优化资源决策，自主选择适合自己的学习路径和内容。微软小英等工具的语音识别和口语评测功能，使得学生在自主学习中能够获得及时的反馈，有针对性地改进发音和语法，提高学习效率。

总体而言，人工智能为英语学习提供了更多个体化的可能性，学生可以更灵活地选择学习资源和制定学习方案。这种个性化学习的趋势有助于培养学生的自主学习能力，推动他们更有效地掌握英语知识和技能。

（三）思维品质和人文素养比以往更为重要

在人工智能的视角下，英语学习者应更加注重思维品质和人文素养。随着人工智能学习设备的广泛使用，仅仅依赖工具性的语言学习已经变得不再必要。人工智能逐渐替代了传统的工具性语言教学，因此，学习一门语言不仅是为了掌握表面的语法和词汇，更应注重背后的逻辑思考和深层次的文化理解。

在未来几十年内，即使智能设备再先进，也难以主动理解并形成符合一个国家文化和沟通方式的语言运用逻辑。因此，英语学习者需要将英语学习从仅仅是工具性学习转变为思维学习。这意味着更加注重培养思维创造能力，培养学生计划未来、憧憬未来、想象未来、创造未来的能力。这种思维品质的培养将使学生在面对复杂问题和未知挑战时更具应对能力，而这是人工智能难以替代的优势。

人类最大的优越之处在于思维创造能力。因此，英语教育应该超越语言本身，注重培养学生的思维品质。此外，当代社会价值取向功利的趋势下，强调人文素养的浸润显得尤为重要。教育需要有冷静的思考，具备超越功利取向的胆魄和气韵，以培养有思维深度和人文情怀的英语学习者。

（四）英语教学会脱离课堂的束缚

在人工智能时代，英语教学正经历着深刻的变革，逐渐脱离传统课堂的束缚，迎来更为开放和灵活的学习方式。其中，课堂翻转与延伸成为新时期的主流趋势。学生通过在线平台获取学习材料和资源，而课堂时间更专注于实际应用、讨论和互动，使学习过程更加具有互动性与实践性。

大数据的应用在英语教育中推动个性化教育的普及。通过分析学生的学习数据，教育系统可以更好地理解每个学生的学习需求，为其提供定制化的教学方案，从而提升学习效果。同时，大数据也促使在线教育平台的兴起，例如"E学大"，使得学生能够随时通过网络获取丰富的学习资源，打破了传统课堂的地点和时间限制。

MOOC（慕课）学习作为一种全球性的学习资源也在英语教学中得到普及。学生通过参与大规模开放在线课程，能够获得来自全球最优秀的教育资源，这丰富了他们的学习体验，同时增加了学习的广度和深度。

大学与社会的融合也是未来英语教学的一大趋势。传统大学边界逐渐变得模糊，学生不再仅限于校园内学习。实践中的学习机会增加，教育更加与社会融合，为学生提供更全面的发展机会。

最终，人工智能时代将英语教学带入终身学习的时代。学习者不再受限于有限的学习时期，而是可以随时随地进行学习。这一变革使得学习不再受到传统课堂的束缚，而是更加灵活、个性化，让学生拥有更丰富、全面的学习体验。

（五）英语课堂教学中的师生关系更人性化

未来，英语课堂教学中的师生关系将呈现更为人性化的趋势。现代教育技术的发展使得翻转课堂成为可能，而大数据则为个性化教学和人性化互动提供了实际操作的手段。在这样的教学场景中，教师不再是高高在上的讲台圣人，而是更像身边的导师，致力于让尽可能多的学生获得个性化的辅助。

英语学科的核心素养成为教育的重要关注点。借助于核心素养的理念，英语课程更加注重学科的工具性和人文性。在互动学习的场域，学生有更多机会提出问题，发展批判性思维能力。这种人文关怀的教学理念有助于学生理解英语学科的内涵，让教学更加贴近学生的需求。

人工智能在学习辅导、教学测评和教学场景等各个环节发挥作用，提高英语教学效率。教师能够通过人工智能的支持更专注于提升教学质量和进行教学创新。学生在这样的教学环境中有更多机会进行真实互动，发展情感和生活体验，从而丰富英语学习的体验。

人工智能时代的英语教学将更注重学生的主动性，鼓励大胆质疑、提出问题，并实现人与人之间的真实互动。人工智能的运用不仅提高了教学效率，还为教学带来了更为人性化和个性化的元素，推动英语课堂教学朝着更富有情感、更贴近生活的方向发展。

目前，我国人工智能在英语教学领域的应用尚处于初始阶段，但已展现出巨大潜力。未来，教育智能化的发展需要人类智慧的引导。通过深度融合人工智能与英语的教与学，真正释放技术的力量，将成为助力英语教与学创新与变革的关键因素。借助现代信息技术，特别是人工智能，创新英语教学模式与教学方法，加速英语教学改革进程，以提升英语教学质量。这一发展趋势将在未来为英语教育带来更多可能性，推动整个教育体系向着更智能、更灵活的方向迈进。

第三章　人工智能时代的高职英语教学模式变革

第一节　高职英语教学模式概述

一、高职英语教学模式概述

（一）教学模式的概念与内涵

教学模式是指在教育过程中，教师采用的一种特定的教学方法和组织结构，以达到有效传授知识、培养能力和塑造学生品德的目的。教学模式涵盖了教学理念、教学方法、教学手段以及教学组织等多个方面，是教育实践中的一种重要指导框架。在不同的教育层次和领域，教学模式会因教学目标、学科性质、学生特点等因素而有所不同，但其核心目标都是促进学生全面发展，提高他们的学习成就和综合素质。

首先，教学模式的内涵包括教学理念的构建。教学理念是教育者对于教育目标、教育价值观以及教育过程的基本认知和理解。一个完整的教学模式需要建立在清晰的教学理念基础上，以确保教学活动与教育目标相一致。例如，传统教学模式强调知识传授，注重学科内容的广度和深度；而现代教学模式则更注重学生参与、合作和实践，强调学习方法的培养和综合能力的提升。教学理念的构建在很大程度上决定了教学模式的整体走向和特点。

其次，教学模式涉及具体的教学方法和手段的选择。教学方法是指教师在教学中运用的一系列策略和技巧，以促进学生的学习。不同的学科、不同的教学目标和学生群体可能需要采用不同的教学方法。例如，对于语言类课程，教师可以采用互动式的教学方法，强调语言实际运用；而对于理科课程，实验教学可能更为有效，培养学生的实验操作能力。教学手段则是指教师在实施教学方法时所使用的具体工具和资源，包括教材、多媒体设备、在线平台等。选择合适的教学方法和手段是教学模式设计的关键，能够直接影响教学效果和学生的学习体验。

再次，教学模式还涉及教学组织的设计。教学组织是指教育者在教学过程中对于时间、空间、人员等方面的安排和组织。一个良好的教学组织可以提高教学的效率，增强教学效果。例如，分组合作是一种常见的教学组织形式，通过小组合作可以促进学生之间的互动和合作，培养团队精神。此外，课堂活动的设计、学科知识的串联等也都是教学组织的内容。在现代教育中，随着信息技术的发展，线上教学和混合式教学模式逐渐成为重要的教学组织形式，为学生提供更加灵活的学习方式。

与此同时，教学模式还需要考虑个性化教育的需求。学生在认知水平、学习风格、兴趣爱好等方面存在差异，因此，灵活多样的教学模式能够更好地满足不同学生的需求。个性化教育强调关注每个学生的特点，提供个性化的学习路径和资源。这就要求教学模式能够在整体教学框架的基础上，充分考虑到学生个体差异，为他们提供更为个性化的学习支持。个性化教育的理念在当今教育中逐渐崭露头角，成为教学模式发展的一个重要方向。

最后，教学模式的不断创新与改进是教育发展的必然要求。随着社会、科技和文化的不断变革，教学模式也需要不断适应新的需求和挑战。教育者应该关注最新的教育理论和方法，积极尝试创新的教学模式。例如，项目化教学、游戏化教学、翻转课堂等新兴教学模式都在一定程度上取得了良好的效果，为教育注入了新的活力。教育机构和教育从业者需要在实践中不断总结经验，借鉴成功的案例，推动教学模式的创新和发展。

综合而言，教学模式作为教育活动的组织形式和方法，在教育领域中具有深远的影响。其内涵包括教学理念的构建、具体的教学方法和手段的选择、教学组织的设计以及对个性化教育的关注。一个科学合理的教学模式应当在坚持教育目标的基础上，结合学科特点和学生需求，充分运用各种教学手段和组织形式，实现知识传授、能力培养和个性发展的有机统一。随着社会的不断发展和变革，教学模式也需要不断创新与改进，以适应新时代的教育需求，为学生提供更加优质的教育服务。

（二）教学模式的特征

1. 层次性

在宏观层面上，教学模式展现了学科的分层和明确的边界，为整个学科提供了一个结构化的框架。以英语教学为例，这种分层有助于将听、说、读、写等不同方面整合到一个统一的教学体系中。通过明确各个语言技能的地位和关系，教学模式能够协调这些方面的教学活动，使得学生能够全面发展语言能力，而不是片面地强调某一个方面。在中观层面上，教学模式被构建为一个多元组成的结构，包括基础知识、文化脉络、精神核心、操作方法和反思反馈等多个组成部分。这有助于明确学科的范围和目标，为学生提供更加全面的学科体验。例如，在英语教学中，除语言技能的培养外，还包括对英语文化、背景知识和学科核心理念的传授，使学生在语言运用的同时能够更好地理解语境和文化内涵。在微观层面上，学科的层次性体现为对具体内容的细致分化。这包括课程设置、考核机制、反馈机制等多个方面。通过对这些方面的深入规划，教学模式使得学习过程更为有序，提高了学生对具体知识点的理解和掌握。例如，通过设计合适的课程结构和考核机制，学生能够逐步深入学科，并通过反馈机制及时调整学习策略，最终提高学习效果。

综合来看，教学模式在不同层面上的特征相互补充，既提供了整体架构又关注了具体实施。这种层次性的设计使得教学模式更为全面有效，促使学生在英语学习中获得更加丰富和深入的学科体验。

2. 实践性

教学模式作为实践的产物，经过实际应用并通过反复检验，研究者通常采用定量研究方法来深入了解其具体过程和反馈机制。这种方法有助于为教育工作者提供科学的指导，使其能够更好地理解、评估和优化教学模式。

通过定量研究，研究者可以系统性地收集、分析和解释教学模式的相关数据。这包括教学过程中的各个环节、学生的学业表现以及教学反馈等多个方面。通过统计学方法，研究者能够量化教学模式的效果，得出客观的结论，并提供有针对性的建议。

这种研究方法能够明确存在的问题，通过对实验组和对照组的比较，揭示不同教学模式之间的差异。这为教育工作者在课程设计、教材编写、备课、教案编写以及评价反馈等方面提供了有力的依据。通过深入了解学生的学习成果和表现，教育工作者可以更好地调整和改进教学模式，以适应学生的需求和提高教学效果。

总体而言，定量研究方法在教学模式研究中具有重要作用，为教育工作者提供了科学的数据支持和决策依据，有助于不断优化教学模式，提高教学的效果和质量。

3. 理论与实践的统一

教学模式是在一定的教学理念指导下产生并发展的，它根植于教育理论体系，通过理论的引领进行细化和完善。在这个过程中，各种教学理念充当了指导思想的角色，其中包括人本主义学习理念、建构主义学习理念、合作学习理念、实用主义学习理念等。

人本主义学习理念强调学生的个体性、自主性和情感体验，与之对应的教学模式可能注重学生的个性发展、情感培养和自主学习的设计。建构主义学习理念强调学生通过主动参与建构知识，对应的教学模式可能突出学生的实际操作、问题解决和思维发展。合作学习理念强调学生之间的互动和协作，相应的教学模式可能关注群体活动、团队合作和共同学习的设计。实用主义学习理念强调实际应用和解决问题，对应的教学模式可能突出实践性的教学活动、案例分析和问题导向的学习。

教学模式不仅是一种操作方法，更是对教学实践的经验性总结，具有融合理念和实践的双重属性。在教学模式研究中，强调了理念、实践、评价、反馈等环节的相互关系，形成了一个循环的过程。这一循环的核心在于理念的指导推动实践的创新，实践的经验反馈为理念的修正提供了依据，不断的循环促使教学模式不断发展与完善。通过协调各个环节，教学模式的不断优化最终提高了整体教学效果和效率，更好地适应了学生的需求和学科的发展。这种循环性的研究方法有助于将教学理念和实践紧密结合，推动教学模式的不断创新。

二、高职英语教学模式的发展历程

（一）我国英语教学模式发展概况

1.以教师为中心的课堂教学模式

长久以来，我国的英语教学一直是以教师为中心的课堂教学模式为主导。在这一模式中，教师在课堂上扮演着主导角色，通过传统的授课方式，包括讲解知识、解释语法、引导学生阅读等，来传授英语知识和技能。教师往往是信息的主要提供者，学生则处于被动接受的地位，依赖于听取教师的讲解、记录笔记以及模仿语音语调等方式获取知识。

在这种模式下，学生的学习通常离不开教科书和课堂笔记。教师依据教材内容组织教学，而学生则需要通过阅读教科书和记录笔记来掌握课堂所学的知识。重视书本和课堂笔记的传授方式虽然能够有效传递基础英语知识，但也存在学生参与度低、课堂氛围相对单一的问题。

在这一模式中，语法规则和词汇学习是教学的重要内容，教师往往会着重强调这两个方面。课堂教学主要围绕语法解释、词汇搭配和句型转换展开，目的在于使学生掌握语言的基本结构和表达方式。虽然课堂教学注重培养学生的听、说、读、写技能，但往往侧重于语法和词汇的应用，缺乏真实语境下的交际能力培养。这可能导致学生在实际运用英语时感到不适应，难以应对真实的语言环境。

这一时期，传统的语法—翻译法和听说法等教学方法被视为主流，被广泛应用于英语教学领域。

2.多媒体与计算机辅助语言教学模式

随着信息技术的蓬勃发展，计算机作为一种重要的教学媒体，迅速走上了英语教学的历史舞台，为传统的以教师为中心的教学模式带来了新的可能性。计算机辅助语言教学模式应运而生，成为引领英语教学改革的重要方向。

计算机辅助语言教学（Computer-Assisted Language Teaching，CALL）是指利用计算机技术来辅助和支持语言学习和教学的方法。这一教学模式的发展可以追溯到20世纪中期，随着计算机技术的进步，CALL在语言教学领域取得了显著的进展。

计算机辅助语言教学包含多种形式，主要包括以下方面。

（1）多媒体教材：创建包含文字、图像、音频和视频等多种媒体元素的教学材料，以提供更生动、直观的学习体验。这样的多媒体资源能够帮助学生更好地理解语言知识和运用技能。

（2）语音识别和发音练习：利用计算机技术实现语音识别，帮助学生纠正发音错误。通过语音练习软件，学生可以模仿和比较自己的发音，提高口语表达能力。

（3）电子交流平台：利用网络社交平台、博客、论坛等，让学生能够参与实时的语言交流，提高他们的听说能力和实际应用能力。

多媒体语音教室等先进技术的引入，为英语教学提供了丰富的资源和互动平台。在这一模式下，教师不再仅仅是知识的传授者，而是更多地扮演引导者和促进者的角色。计算机软件和多媒体教材使得教学内容更生动、直观，并为学生提供更为灵活的学习方式。例如，语音教室通过音频和视频的应用，提供真实语境下的听说训练，帮助学生更好地理解和运用语言。

学生在这种模式下更具参与性，他们可以通过电子设备直接互动，参与课堂活动，进行实时反馈。计算机辅助教学还能够根据学生的学习进度和需求进行个性化教学，弥补了传统模式中"一刀切"的不足。此外，互联网的普及也为学生提供了更广阔的信息获取渠道，增强了他们对英语学习的主动性。

然而，研究表明，尽管这一时期，计算机和多媒体技术为教学带来了新的可能性，但在实际应用中存在一些问题和不足。最突出的问题是教师在利用计算机和多媒体进行教学时，观念转变还不够到位。这意味着教师仍然倾向于将多媒体设备仅仅视为传统教学工具的替代品，而没有充分发挥其交互性和创新性。由于缺乏充分准备，一些多媒体英语课件甚至只是简单的文字加图片，或被当作"大录音机"来使用，未能充分发挥其潜在价值。另外，一些教师可能滥用多媒体技术，制造无效信息，分散了学生的注意力，导致课堂气氛沉闷，不利于调动学生的积极性和参与度。

3.以学生为中心的教学模式

在这一阶段的教学模式中，强调以学生为中心，学生不再是被动接受知识的对象，而是变成了积极主动的参与者和知识的建构者。教师的角色也发生了转变，不再是严肃的权威，而是课堂教学活动的设计者、指导者、合作者和帮助者。教学过程中，教师与学生之间建立了平等友好的关系，共同构建学习的场景。

教学的基本要素包括教师、学生、教学媒体和教材。教材不再是简单的传递知识的载体，而是学生主动建构意义的对象。教学媒体则成为帮助创设情境、进行合作协商式探索的认知工具。教学设计充分利用了数字化、网络化、多媒体化、智能化、信息化等信息技术，为学生营造了良好的学习环境。

此外，随着网络技术的进步，在线实时交流成为可能。网络和交互性成为教学媒体最显著的特点和优势。学生不仅能与教师随时进行互动，还能与其他学习者进行交流。这种互动性极大地促进了学习过程中的合作和分享，加强了学习者之间的联系。

对于外语学习来说，主动参与和互动是非常重要的。学生在这种教学模式下能够更自主地探索和构建知识，更加积极地参与学习过程。同时，网络为外语学习提供了丰富的资源，使学习与实际社会更加紧密地联系在一起，为学生提供了更多的学习机会和实践经验。

（二）现代高职英语教学模式的特点

现代高职英语教学模式的探索主要体现在多方面，其中包括教学方法、教学手段、教学内容的创新以及个性化教育的引入。

1. 多元化的教学方法

现代高职英语教学注重多元化的教学方法，强调学生的主体性。除了传统的讲授，还引入了项目式学习、合作学习、问题解决等方法。通过这些教学方法，学生能够更好地应用英语知识解决实际问题，培养实际运用语言的能力。

2. 现代技术手段的应用

随着信息技术的飞速发展，现代高职英语教学更加注重利用技术手段提高教学效果。多媒体教学、在线学习平台、虚拟实验室等工具被广泛应用，为学生提供更多元化的学习资源和学习环境，使得学习过程更富有趣味性和实用性。

3. 教学内容的更新和实践

现代高职英语教学更注重培养学生的实际语言运用能力，因此教学内容更加注重实际场景和真实语境。除了语法和词汇的教学，还强调听、说、读、写各方面的平衡发展，注重培养学生的综合语言能力。

4.个性化教育的引入

在现代高职英语教学中，越来越注重个性化教育。学生在语言学习中存在差异，因此教育者根据学生的兴趣、学科特长和学习风格，设计个性化的学习计划和评价体系，以更好地满足学生的需求。

总的来说，现代高职英语教学模式在传统教学模式的基础上，通过引入多元化的教学方法、现代技术手段的应用、教学内容的更新和实践，以及个性化教育的引入，不断探索和实践，使得教学更贴近学生的需求，更有针对性和灵活性。这一趋势将有助于培养更具实际应用能力的英语专业人才，适应社会和行业的发展需求。

第二节 传统高职英语教学模式存在的问题

一、传统高职英语教学模式的问题

（一）缺乏真实情境设计

传统高职英语教学模式存在着严重的缺乏真实情境设计的问题。这一问题的核心在于教学模式的单一化和教学内容的理论化。

首先，传统高职英语教学模式往往以教师为中心，课堂上教师起着主导作用，而学生则扮演被动接受知识的角色。在这种教学模式下，教师通常通过讲解、演示和练习来传授知识，而学生的参与度较低。课堂氛围沉闷，缺乏真实情境的模拟和体验，学生难以在课堂中体会到英语在实际生活中的应用场景，从而导致他们对英语学习的兴趣和动力不足。

其次，传统高职英语教学内容过于理论化，注重语法、词汇和阅读理解等基础知识的传授，而忽视了语言的实际运用和沟通能力的培养。教材中的内容往往脱离实际生活和工作场景，学生学习的是抽象的语言知识，而不是真正的语言运用能力。因此，学生缺乏在真实情境中锻炼语言表达能力和交际能力的机会，无法将所学知识应用于实际生活和职业场景中。

综上所述，传统高职英语教学模式缺乏真实的情境设计导致了学生在英语学习过程中的实践机会不足，无法真正掌握和应用所学知识。这不仅影响了学生的学习兴趣和动力，也影响了他们未来在工作和社交中的英语交流能力。因此，改变教学模式，增加真实情境的设计和体验对于提高学生的英语实际运用能力至关重要。

（二）忽视语言的交际与表达功能

传统高职英语教学模式往往偏重于培养学生的书面语言能力，而忽视了口语和实际交际能力的培养。教学目标主要集中在阅读、写作和语法等方面，强调学生掌握英语的书面表达能力，而对口语和听说能力的培养则缺乏重视。

学生在传统高职英语教学模式下缺乏在实际情境中运用英语的机会。课堂教学往往局限于教材内容和教师讲解，学生缺乏与外语环境接触和交流的机会。因此，他们无法在真实的语言情境中积累实践经验，无法应对各种语言交际挑战，从而导致了交际能力的培养受到限制。

（三）忽视学生的主体作用

在传统高职英语教学模式下，学生往往是被动接受语言知识的角色。教学内容主要由教师传授，学生的学习活动以听讲和记笔记为主，缺乏积极主动的思考和讨论。这使得学生对英语知识的消化和理解过程相对较为被动，难以形成自主学习的能力。学生的学习状态更像是一种"灌输"，而非通过主动参与来建构知识体系。

传统高职英语教学模式下的课堂氛围往往沉闷，学生缺乏表达自己观点的机会。教学注重的是教师的讲解和知识传递，而学生的角色更多地表现为被动的接收者。在这种环境下，学生难以有机会展示自己的思考和理解，也缺乏表达观点的机会。

总之，传统高职英语教学模式忽视学生的主体作用，导致学生在学习过程中表现得较为被动，难以培养出积极主动的学习态度和自主学习的能力。这一问题不仅影响了学生的学业成绩，更影响了他们在实际语境中运用英语进行有效交流的能力。因此，为了解决这一问题，需要在教学中赋予学生更多的参与权利和表达机会，建立更活跃、互动的课堂氛围，促使学生更积极地参与学习过程。

（四）教学模式与人才培养目标的脱节

随着社会的发展和经济结构的调整，不同行业对人才的需求也在不断变化。然而，传统高职英语教学模式中的教学内容相对固定，往往无法及时调整以适应新兴产业的发展需求。这使得学生在实际工作时可能面临应用能力不足的问题，教学内容与产业的不匹配导致了教学模式与人才培养目标的脱节。

职场对综合能力的新要求与传统教学模式之间存在差距。现代职场对员工的要求已不再仅限于英语语言技能，更强调综合能力的培养，包括团队协作、创新思维、跨文化沟通等方面的能力。然而，传统高职英语教学模式主要注重语法、词汇等语言基础知识的传授，较少涉及实际场景下的综合应用能力培养。当学生在职场中面对复杂情境和多元化要求的挑战时，可能无法胜任现代职场的综合性工作。

总体而言，教学模式与人才培养目标的脱节问题凸显了传统高职英语教育在适应社会需求方面的不足。为了更好地培养符合现代职场需求的英语人才，需要调整教学模式，注重实际应用能力的培养，使学生更好地适应未来职业发展的要求。

二、对传统高职英语教学模式的改革思考

（一）真实情境设计

在进行真实情境设计时，首先需要明确教学目标，确保设计的情境能够有效地达到这些目标。教学目标的设定应该涵盖语言技能的多个方面，包括听、说、读、写、译，以及综合运用这些技能进行有效交流的能力。通过明确目标，教师可以更有针对性地选择和设计真实情境。

在选择真实场景时，应该优先考虑与学生实际生活和职业相关的情境，以提高学生的学习兴趣和动机。例如，模拟商务会议、酒店预订、工作面试等场景，能够使学生更容易将所学知识与实际应用相结合，增强他们的学习体验。

设计真实情境时，要注重情境的真实性和贴近度。这包括选择真实的语

境、角色扮演和情景设置，以使学生能够更好地投入模拟的情境中。通过真实情境设计，学生可以在模拟的环境中体验语言的实际运用，提高他们的语言综合能力。

在进行真实情境设计时，教师还应该充分考虑学生的学科特点和水平差异，合理设置难度，确保每个学生都能够在情境中有所收获。灵活运用不同的教学方法，包括小组合作、角色扮演、案例分析等，以激发学生的学习兴趣，促使他们积极参与真实情境的学习。

真实情境设计是一项复杂而有挑战性的任务，需要教师在设计过程中充分考虑学生的需求和特点。通过精心设计的真实情境，学生能够更好地理解和运用所学知识，提高他们在实际语言运用中的能力，从而更好地适应未来的社会和职业需求。

（二）注重语言的交际与表达功能

在高职英语教学模式的改革中，我们应当转变教学理念，注重培养学生的实际交际与表达能力。首先，我们可以通过引入任务型教学方法，将学习置于真实的语境中。任务型教学强调学生通过完成特定任务来学习语言，这可以包括模拟商务邮件的写作、电话沟通、团队合作等。通过这样的任务，学生将不仅学到语法和词汇，更能够在实际应用中培养交际和表达的能力。

其次，采用沉浸式教学法，使学生沉浸在英语语境中。这可以通过英语角、英语沙龙、英语演讲比赛等形式实现。在这些活动中，学生将被迫更主动地运用英语进行交流和表达，从而提高他们的实际语言运用能力。沉浸式教学法可以激发学生对语言的兴趣，使他们更主动地参与学习过程。

再次，借助科技手段，创造多媒体、多元化的学习环境。现代科技的发展为语言教学提供了更多可能性。通过使用在线资源、多媒体课件、虚拟现实等技术，可以创造更贴近实际情境的学习环境。例如，利用虚拟场景让学生体验国际商务谈判，或者通过在线合作平台让学生参与跨文化团队合作，从而促使学生在真实情境中提高交际和表达的能力。

最后，改革评估方式，注重实际应用能力的考核。传统的考试形式往往侧重于语法和词汇的测试，而忽略了学生的实际交际和表达能力。改变评估方式，引入口语考试、实际任务完成评估等，能更全面地反映学生的语言运用水平。通过这样的评估方式，学生将更加注重实际交际与表达的训练，从而形成更为丰富的语言技能。

总之，改革高职英语教学模式，应当以培养学生的实际交际与表达能力为核心。通过任务型教学、沉浸式教学、科技辅助手段等，使学生在真实情境中提高语言运用能力。同时，通过改革评估方式，确保对学生实际应用能力的全面考核。这样的改革将有助于使学生更好地适应未来社会的语言需求，为其职业发展打下坚实基础。

（三）尊重学生的主体意识

首先，了解学生的兴趣和需求是尊重主体意识的关键。通过开展调查、问卷调查或小组讨论，教师可以更深入地了解学生对英语学习的期望、兴趣和实际应用需求。基于这些信息，教师可以调整教学内容，使其更符合学生的实际需求，从而提高学习的积极性。

其次，鼓励学生参与教学设计的过程。通过引入学生参与的教学决策，如选择学习主题、制订学习计划等，可以激发学生的学习动力，增强他们对学习过程的投入感。这种方式不仅能够使教学更贴近学生的兴趣，也培养了学生的学习自主性和主动性。

再次，提供个性化的学习支持。每个学生在学习上都有独特的优势和需求，因此，教师应该根据学生的个体差异，提供个性化的学习支持和指导。这可能包括不同层次的任务设计、针对性的辅导以及灵活的学习评估方式，以满足学生不同的学习需求，让每个学生都能够在学习中发挥自己的优势。

最后，创设积极的学习环境，鼓励学生表达个人观点。通过组织讨论、小组活动、学生演讲等形式，促使学生在课堂中更积极地表达自己的观点，增强他们的语言表达能力。同时，教师应该鼓励并尊重学生的不同看法，创造一个开放、包容的学习氛围，使学生在表达自己的同时感受到被尊重和理解。

尊重学生的主体意识是高职英语教学改革中的一项重要策略。通过了解学生的兴趣和需求、鼓励参与教学设计、提供个性化学习支持以及创设积极学习环境，可以更好地激发学生的学习动力，促进他们在英语学习中的全面发展。

（四）培养学生英语学习兴趣

培养学生对英语学习的兴趣是提高他们学习效率和成绩的重要一环。在改革高职英语教学模式时,注重激发学生兴趣的策略变得尤为重要。以下是一些可能的方法。

首先,通过多样化的教学内容激发学生的兴趣。传统教学往往过于注重固定的教材,缺乏新颖和多元的元素。改革时,可以引入富有创意和趣味性的教材,如英语小说、音乐、影片等,以吸引学生的注意力。这样的教材更贴近学生的生活,符合学生的兴趣,使他们更愿意主动参与学习。

其次,采用互动性强的教学方法。通过小组合作、角色扮演、游戏化教学等方式,可以让学生在愉悦的氛围中学习英语。互动性强的教学不仅能够培养学生的团队协作能力,还能够激发他们的好奇心和求知欲。这种参与度高的教学方法能够使学生更积极地投入学习中。

再次,利用现代科技手段提高学习趣味性。在当今数字化时代,教育技术成为培养学生兴趣的有效工具。利用在线学习平台、教育应用软件、虚拟实境等现代科技手段,创造更生动的、互动性强的学习环境。这不仅符合学生对科技的好奇心,也使英语学习更加有趣。

复次,教师在课堂教学中要注重激发学生的学习动力。通过提供具体实用的案例,让学生看到英语在实际生活中的应用价值。教师的热情和对英语学习的积极态度也会感染学生,激发他们的学习兴趣。

最后,创造积极的学习氛围。一个积极的、充满鼓励的学习环境对于培养学生的兴趣至关重要。教师可以定期组织英语角、文化交流活动,让学生有机会展示自己的英语水平,增加学习的成就感。同时,及时表扬努力和进步的学生,让他们在学习中体验到成功的喜悦。

通过以上方法,可以有效地培养学生对英语学习的兴趣,使他们更主动、积极地参与学习,提高英语学习的效率。在改革高职英语教学模式时,注重学生兴趣的培养将成为提高教学质量的关键之一。

(五)以产业发展和职业需求为导向

在对传统高职英语教学模式进行改革时,以产业发展和职业需求为导向是关键的思考方向。通过紧密结合实际产业需求,调整教学内容和方法,可以更好地培养学生的实际应用能力,提高他们在职业领域中的竞争力。

首先，需要深入了解不同行业的英语需求。各行各业都有不同的英语应用场景和专业术语，因此教师应该通过与相关行业企业沟通、实地考察等方式，准确了解产业的发展趋势和对英语能力的具体要求。这有助于精准地调整教学内容，确保学生所学内容更符合实际职业需求。

其次，设计符合实际工作场景的教学情境。通过模拟真实的职业场景，如商务谈判、专业会议、项目汇报等，使学生在模拟环境中学习并运用英语。这样的教学情境设计可以让学生更好地适应未来职业环境，提前培养实际应用能力。

再次，整合跨学科的英语教学内容。随着产业的发展，许多职业领域要求跨学科的知识结合。因此，英语教学可以与相关专业知识相结合，例如，与工程、医学、计算机科学等专业领域进行交叉融合，使学生在掌握英语的同时，也能够理解和应用相关领域的专业知识。

复次，注重培养学生的创新思维和解决问题能力。产业发展中常常涌现出新的问题和挑战，因此学生需要具备创新意识和解决问题的能力。英语教学可以通过开展项目学习、案例分析等方式，培养学生在未知领域中灵活运用英语进行思考和表达的能力。

最后，建立与企业的合作机制。与企业建立紧密的合作关系，将实际工作场景引入课堂，为学生提供参与实际项目的机会。这种合作模式可以使学生更好地理解和适应实际工作环境，为他们的职业发展提供更多的支持和机遇。

通过以产业发展和职业需求为导向的改革，高职英语教学将更好地服务于学生未来的职业发展，使他们能够更好地适应工作要求，胜任各种实际工作场景，提高就业竞争力。这种改革思路能够使英语教育更加贴近实际，更有利于学生的全面发展。

第三节　人工智能视域下的高职英语教学模式变革

一、人工智能技术推动大学英语教学模式变革

（一）学生学习方式的改变

随着人工智能技术的飞速发展，大学英语教学模式也迎来了巨大的变革。其中，学生学习方式的改变是人工智能技术在大学英语教学中带来的一项深刻变革。传统的英语教学模式往往受到时间和空间的限制，学生在有限的教学时间内接受相对固定的教学内容，而人工智能技术的引入为学生提供了更加个性化和自主的学习方式。

在传统教学中，学生往往是被动接受教师灌输知识的角色。而随着人工智能技术的发展，学生的学习方式发生了明显的改变。人工智能产品可以通过分析学生的学习特点、学科倾向、学习习惯等方面的数据，为每个学生量身定制个性化的学习计划。这样的个性化学习计划充分考虑到学生的个体差异，使得学习更具针对性和灵活性。学生不再是单一接受知识的对象，而是参与制订学习计划的主体，能够更好地调整学习的节奏和方向，提高学习效率。

人工智能技术的另一个重要优势是能够根据学生的学习情况动态调整教学内容。通过大数据分析，人工智能系统可以实时监测学生在学习过程中的表现，评估其知识掌握程度，然后自动调整教学内容和难度。这种智能化的个性化教学模式确保了学生能够在适应自己水平的基础上持续进步，克服了传统教学模式中"一刀切"的弊端。

在人工智能技术的支持下，学生可以通过互联网在任何时间、任何地点进行自主学习。传统教学中，学生受限于教学时间和地点，而人工智能技术为学生提供了更加便捷和自由的学习环境。学生可以根据自己的时间安排，通过在

线学习平台、教育应用软件等获取学习资源，实现更为自主和灵活的学习。

此外，人工智能技术还通过智能化的练习和评估系统，为学生提供更具针对性和个性化的学习体验。系统能够根据学生的实际水平智能地推荐练习题目，帮助学生巩固所学知识。同时，对学生的学习表现进行实时评估，为教师提供及时反馈，有助于调整教学策略，更好地满足学生的需求。

总的来说，人工智能技术的不断发展为大学英语教学模式的变革提供了新的机遇。学生的学习方式得以更加个性化和灵活，从而更好地满足了学生的个体差异和学科需求。这一变革不仅提高了学生的学习积极性和兴趣，也使得英语教学更贴近实际需求，更加适应现代社会的发展趋势。

（二）教育者教学方式的改变

随着人工智能技术的快速发展，教育者的教学方式也迎来了深刻的改变。在人工智能时代，教师不再是传统教学中的知识传授者，而是更加注重个性化、灵活性和实时性的学习引导者。

首先，人工智能技术为教师提供了大量的学生数据和分析结果，使得教师能够更好地了解每个学生的学习状态、兴趣和学科特点。基于这些数据，教师可以根据学生的个体差异，调整教学策略和内容，实现个性化教学。这种个性化的教学方式不仅更符合学生的实际需求，也能更好地激发学生的学习兴趣，提高学习效率。

其次，教师在人工智能时代可以更加灵活地选择和运用教学资源。人工智能系统通过大数据分析学生的学科偏好和学习风格，为教师提供了更加丰富、多元的教学资源。教师可以根据学生的需求和兴趣，有针对性地选择在线教材、教学视频、互动应用等教学资源，使教学内容更富有趣味性和实用性。

最后，人工智能技术的智能评估系统为教师提供了更为便捷和高效的学生评估手段。传统教学中，教师需要花费大量时间批改作业、组织考试，而人工智能系统可以自动化地进行评估，减轻教师的负担。教师可以更专注于学生的学习过程，及时发现问题，通过个性化的反馈进行指导，提高学生的学习效率。

在人工智能时代，教育者还能够借助互联网和在线交流工具，与学生进行更为及时和高效的互动。通过在线平台，教师可以随时查看学生的学习记录，了解学生的学习情况，及时进行答疑解惑，为学生提供更具个性化的支持。这种实时的在线交流不仅加强了教师与学生之间的沟通，也使得学生能够更及时地获取帮助和指导。

总之，人工智能技术的发展改变了教育者的教学方式，使其更注重个性化、灵活性和实时性。教育者通过充分利用人工智能技术的优势，更好地适应学生的个体差异，提高教学效果，推动了大学英语教学模式的全面升级。这一新时代的教学方式旨在更好地满足学生的需求，培养学生更全面、创新的能力。

（三）教学模式的改变

随着人工智能技术的广泛应用，大学英语教学模式正在经历深刻的改变。传统的知识本位模式，即以教师为中心的教学方式，逐渐被更为灵活和个性化的教学模式取代。在人工智能时代，教学模式的改变主要体现在以下几个方面。

首先，翻转课堂模式的引入。传统的教学中，学生在课堂上主要是被动地接受教师的讲解，而实际操作和应用往往较少。通过引入翻转课堂的模式，教师可以事先制作和提供相关的教学视频、微课程等学习资源，学生在课前通过自主学习获取基础知识。课堂上，教师可以更注重学生对知识的深度理解和实际运用，开展更丰富的互动和实践活动。这样的教学模式使学生更积极主动地参与学习，提高了学习效率。

其次，个性化教学的实现。人工智能技术通过对学生学习数据的分析，能够准确评估每个学生的学科倾向、学习习惯、知识掌握程度等个性化信息。教师可以根据这些数据，为每个学生制订个性化的学习计划，提供针对性的教学内容和资源。这种个性化教学不仅更好地满足了学生的个体差异，也促进了学生在学科领域的深度学习。

再次，虚拟环境中的教学情境设计。借助人工智能技术，教师可以创造出虚拟的教学场景，使学生能够在虚拟环境中与人工智能进行沟通、进行实际操作。例如，通过模拟商务谈判、文化交流、职业面试等情境，学生可以在虚拟环境中应对各种实际挑战，提高实际运用能力。这种教学情境的设计能够更好地培养学生的综合素养和职业技能。

最后，人机对话的实现。通过人工智能技术，教师可以借助语音识别、自然语言处理等技术与学生进行实时的人机对话。这种对话不仅能够提供个性化的答疑解惑服务，还能够促进学生语言交流能力的提升。同时，通过人机对话，学生能够更自由地提问、探讨问题，使教学过程更富有活力。

总体而言，人工智能技术在大学英语教学中的应用使得传统的教学模式得以更新和升级。翻转课堂、个性化教学、虚拟情境设计以及人机对话等新的教学模式的引入，使得教学更贴近学生的需求，更具有实际应用性，推动了大学英语教学向更为灵活、个性化和互动的方向发展。

二、基于人工智能的大学英语教学模式

在前文中，我们已经探讨了在人工智能技术引入大学英语教学后，教师和学生在教学模式中的角色和任务发生的巨大变化。与传统的课堂授课相比，传统的教学模式通常沿着授课、理解、巩固、练习、检查的路径循环进行，而教师往往是教学活动的中心。然而，这一模式已经越来越难以激发学生的学习兴趣，因此需要改变。

尽管翻转课堂等新型教学方法已经受到关注，但在当前大学英语教学实践中，实现以学生为中心的翻转课堂仍然面临一些挑战。主要的挑战之一在于学生对这种学习模式的理解和接受程度相对较低。因此，如何激发学生从被动学习转变为主动学习成为一项全面的教育改革任务。这不仅仅是某个学校、一门课程或某个教师可以独立完成的任务。

基于人工智能技术，本书将在下文探索更适合高职英语教学的模式，以更好地适应学生的需求，促进学生的主动学习，提高教学效果。

（一）人工智能引入的新角色模型

1. 教学主体的变化

随着人工智能技术的不断发展，高职英语教学迎来了一场变革，引入了全新的教学主体——人工智能实体。这一变革旨在更好地融合先进技术与英语学习，为学生提供更为个性化和高效的学习体验。

人工智能实体是通过人工智能技术创造的智能软件，具有辅助学生进行"听、说、读、写、译"等多方面学习活动的功能。这些人工智能实体不仅是

简单的工具，更是教学过程中的活跃参与者，通过智能化的方式与学生互动，使学习更为深入和全面。

这一变革是对传统教学模式的挑战。传统教学中，学生在有限的教学时间里通过教师的讲解进行被动学习，而这样的模式已经难以满足当今学生多样化的学习需求。因此，人工智能实体的引入成为应对这一挑战的有效途径。

人工智能实体的出现不仅是技术的进步，更是对学习理念的创新。通过这些智能软件，学生能够更加灵活地进行听、说、读、写、译等各种英语学习活动。这些实体不仅可以提供丰富的学习资源，还能根据学生的个性化需求进行智能化的学习指导。因此，人工智能实体的引入意味着教学主体的变革，将学生从被动的接受者转变为主动的学习者。

人工智能实体在高职英语教学中扮演着至关重要的角色，为学生和教师创造了全新的学习和教学体验。

首先，人工智能实体通过对学生学习状况的掌握，使学生实现了个性化学习的可能。通过收集、分析学生的学习数据，这些实体能够了解每位学生的学习风格、弱项和擅长之处。基于这一了解，它们能够为学生提供定制的学习建议，更好地适应学生个体差异，帮助学生实现更高效的学习。其次，人工智能实体的功能不仅局限于学习数据的分析，还包括个性化学习活动的辅助与反馈。这些实体通过各种交互性学习模块，例如听力、口语、阅读和写作等练习，有效地辅助学生进行英语各项技能的提升。同时，实时的反馈机制能够帮助学生及时发现和纠正错误，促使他们更深入地理解和掌握知识。

在教学方面，人工智能实体能够初步完成对学生的指导和评价，从而减轻教师的工作负担。通过运用历年学习数据，它们能够支持教师进行更科学、精准的教学决策。这使得教师能够更加专注于高级别的教学指导和答疑，提高教学的深度和质量。

另外，人工智能实体通过促进学生的自主学习，培养学生的独立思考和解决问题的能力。通过提供丰富的线上线下资源以及互动性学习模块，这些实体激发了学生对知识的主动探索欲望，使他们更积极地参与学习过程。

2. 实施条件

在高职英语教学中实施人工智能技术，必须考虑到一系列实施条件，这些条件涉及学生、教师以及所使用的人工智能软件等多方面因素。

（1）学生和教师的网络接入是实施人工智能技术的基础

在当今数字化时代，网络已成为信息交流和学习的主要渠道之一。学生和教师需要能够稳定接入互联网，以便获取在线学习资源、参与远程教学活动以及使用人工智能软件进行学习和教学。例如，学生可以通过在线课程平台或学校教学网站获取课程资料和作业要求，而教师则可以通过网络进行教学资源的分享和教学活动的安排。

（2）学生和教师需要具备适当的终端设备来使用人工智能软件

这些终端设备包括个人电脑、平板电脑、智能手机等，以支持人工智能软件的运行和使用。例如，一些人工智能学习平台可能需要在计算机浏览器上运行，而其他软件可能更适合在移动设备上使用。因此，学生和教师需要根据实际需求选择适当的终端设备，并确保设备的性能和稳定性能够满足教学和学习的要求。

（3）支持"听、说、读、写、译"练习的人工智能软件

这些软件可以涵盖各种语言技能练习，包括听力、口语、阅读和写作等方面。例如，流利说英语 App 的语音识别软件可以帮助学生提高口语表达能力，微软英语的阅读理解软件可以帮助学生提高阅读理解能力，有道写作平台可以帮助学生提高写作水平。通过这些人工智能软件，学生可以根据自己的学习需求选择合适的练习内容和方式，实现个性化学习，提高学习效率，取得理想的学习成果。

为了保证教学和学习的顺利进行，在实施人工智能技术时，以上所述的实施条件是必需的。通过网络接入、适当的终端设备以及多样化的人工智能软件支持，学生和教师可以充分利用人工智能技术，拓展教学和学习的领域，提升教育教学的质量和效果。因此，有关部门和教育机构需要重视这些实施条件，并积极营造良好的技术环境，为人工智能技术在教育领域的广泛应用创造条件，提供保障。

（二）教师和学生任务的变化

随着在高职英语教学中引入人工智能技术，教师和学生所承担的任务发生了显著的变化。这种变化不仅体现在任务的性质上，还涉及任务的分工和

层次。

随着人工智能实体的应用,学生和教师能够借助学习历史数据的数据库更全面地了解学生的学习历程、学科兴趣、学习习惯等信息。这种数据库支持为个性化学习提供了基础,通过分析历史数据,人工智能实体能够洞察学生的学习特点,为其提供更为精准的学习建议和指导。教师则能够依据数据库中的信息更好地把握整个班级的学情,有针对性地进行教学设计和调整。

在过去,教师主要负责对学生的学习进行指导和评价,而引入人工智能实体后,这些软件可以通过对学生学习行为的分析,提供初步的指导和评价。例如,针对学生在听、说、读、写等方面的练习,人工智能实体可以给予及时的反馈,指导学生纠正发音、提升写作技巧等。这为学生提供了更灵活的学习方式,同时减轻了教师的工作负担,使得教学更加高效。

通过人工智能技术,学生可以根据自己的学科兴趣、学习风格和水平进行个性化选课,制订符合个体需求的学习计划。这种个性化学习方式有助于激发学生学习兴趣,提高学习效率,使学习更具有针对性和目标导向性。

同时,教师的任务分工也发生了明显的变化。从过去的初级指导,逐渐转向高级指导和答疑。人工智能实体能够完成对学生的初步指导和评价,教师可以将更多的精力投入高层次的教学活动中,如深度解读知识点、拓展学科领域、解答学生疑问等。这种转变使得教师能够更全面地关注学生的学习需求,提供更个性化、更贴近实际的教学服务。

总体而言,教师和学生任务的变化体现了在人工智能技术推动下,教学和学习模式正在向更加个性化和智能化的方向发展。通过合理分工和充分利用人工智能技术,学生和教师能够更好地适应个体差异,推动高职英语教学朝着更高效、更灵活的方向发展。

(三)过程性评价的提升

随着人工智能实体的引入,高职英语教学中的过程性评价经历了显著的提升,从传统的一考定成绩的模式转变为更加全面、个性化的评价体系。这一变革主要体现在评价的方法、指标和比重等多个方面,为学生提供了更为精准、有针对性的学习反馈,提升了教学质量和学生成绩的综合水平。

首先,过程性评价的评价方法具有多样性。传统的期末考试主要以笔试形式为主，难以全面反映学生的语言综合运用能力。而在引入人工智能实体后，评价方法得到了拓展。学生的听、说、读、写等语言技能可以通过人工智能实体进行实时的、多元化的评估，例如语音识别技术可以用于口语评价，写作辅助软件可以对学生的写作进行细致的分析和评价。这使得评价更加全面，能够更好地了解学生在不同语言技能上的优势和不足。

其次，过程性评价中的指标更加个性化。传统的评价体系往往倾向于使用相对一致的指标，如考试分数、课堂表现等。而在新的评价体系下，通过人工智能实体的支持，可以针对个体学生的学习行为设定更加个性化的指标。比如，通过统计学生与人工智能实体的问答次数，可以反映学生的主动学习程度；资料查询次数和阅读时间可以揭示学生的学科兴趣和学习深度。这些个性化的指标使得评价更为细致入微，能够真实反映学生在学习过程中的状态和表现。

在过程性评价中，个性化指标的设置进一步提升了评价的针对性。例如，学生与人工智能实体的互动次数可以反映学生主动探究学科的热情和学习活跃度，而与教师的互动次数则可以反映学生对知识点的理解深度。资料查询次数和阅读时间则反映了学生在自主学习和信息获取方面的努力程度。这些指标不仅为教师提供了更为全面的学生学习情况，也为学生提供了更为个性化的学习建议和指导。

最后，过程性评价更加关注学生的学习过程。传统评价体系往往偏重对学生学习成果的评估，而对学生在学习过程中的努力和投入相对关注较少。引入人工智能实体后，学生的学习行为和互动不再被忽视，而成为评价的重要组成部分。通过跟踪学生在学习软件中的活动，例如提交的练习次数、参与讨论的频率等，可以更全面地了解学生的学习过程，弥补了传统评价在这一方面的不足。

总体而言，过程性评价的提升是高职英语教学领域中人工智能技术应用的一大亮点。通过多样性的评价方法、个性化的评价指标以及对学生学习过程的关注，新的评价体系为学生提供了更加全面、深入的学习反馈，有助于促进学生的个性化发展和素质的全面提升。这一变革不仅推动了评价体系的现代化，也为教育教学的改革提供了有益的借鉴。

（四）教学关系的演变

随着人工智能实体的引入，高职英语教学关系经历了一场深刻的演变，不再仅仅是传统的教师与学生之间的简单关系，而是形成了一个新的三方关系。

在传统教学模式中，教师是学生学习的主要导向，而学生是被动接受知识的一方。引入人工智能实体后，教学关系变得更加复杂且动态。教师与人工智能实体共同构建了学生学习的框架，通过互相协作，为学生提供更为个性化和精准的学习支持。这三方关系的建立使得教学更加灵活，能够更好地满足学生个性化的学习需求。

这种三方关系的建立打破了传统高职英语教学中的师生比约束。在传统模式下，一个英语教师需要面对一大批学生，导致无法充分关注每个学生的学习情况。而引入人工智能实体后，教师能够通过数据分析更好地了解学生的学习需求，而人工智能实体则能够为每个学生提供个性化的学习支持。这种新的关系模式打破了传统的一对多模式，为每个学生创造更具有针对性的学习环境。

这一变革为激发学生学习兴趣提供了新的途径。在传统教学中，学生可能因为受限于课堂氛围、教材内容等原因而缺乏学习兴趣。而在新的教学关系模式下，人工智能实体的引入，可以为学生创造更具趣味性、挑战性的学习体验。人工智能实体可以提供多样化的学习资源，通过互动、游戏化的形式激发学生的学习热情，使学习过程更加生动有趣。

第四章 人工智能时代的高职英语教学实践研究

第一节 人工智能在高职英语听力和口语教学中的应用

一、英语听说能力的重要性

英语听说能力是英语学习的基础，是英语交际的关键。培养听说能力有助于学生更好地理解和运用语言，使其在实际生活和职场中能够有效沟通。在高职英语听说教学中，学生通过聆听各种语音材料，提高对语音、语调和语速的敏感度，从而更准确地理解他人的表达。同时，培养口头表达能力使学生能够清晰地传达自己的思想和观点。这对于职场沟通、团队合作以及与客户、同事的有效互动都至关重要。

1. 职业需求与听说能力的关系

现代职场对英语听说能力提出了更高的要求。随着全球化的发展，许多企业都与国际市场接轨，与外国同行、客户进行交流变得日益普遍。在这个背景下，具备良好的听说能力成为高职生求职成功的敲门砖。能够流利地与他人交流不仅提高了团队协作的效率，还使得高职生在竞争激烈的职场中更具竞争力。

2. 交际能力的培养

高职英语听说教学不仅关注语法和词汇的运用，更注重交际能力的培养。通过各种交际活动，如对话、辩论、小组讨论等，学生可以锻炼在不同语境中进行交际的能力。这种培养方式不仅有助于学生提高在实际生活中的沟通能力，也为他们未来职业中的团队协作打下坚实基础。

3. 提高学生的跨文化交际能力

跨文化交际能力是在多元文化环境中成功交际的关键。高职英语听说教学应该致力于培养学生对不同文化的理解和尊重，使他们能够更好地适应国际化的职场。通过引入真实案例、模拟跨文化交际场景等方式，学生可以更全面地理解不同文化之间的交际差异，提高处理国际业务时的信任度和成功率。

在高职英语听说教学中，这些能力的培养可以帮助学生更全面、更有效地掌握英语听说技能，为他们顺利融入职场提供有力保障。

二、高职英语听说教学的现状分析

（一）教学资源不足

在当前的高职院校中，英语听说教学面临一个普遍存在的问题，即教学资源的不足。这一问题在多个方面表现出来，对于英语听说能力的培养产生了一系列的挑战。

1.缺乏多样化的教材资源

在许多高职院校，英语听说教学常常受限于教材资源的单一和陈旧。教材的质量和多样性直接影响到学生在真实语境中的听说能力培养。由于缺乏新颖、贴近实际生活和职场的教材，学生可能难以应对各种实际交际场景，从而影响其实际语言运用的能力。

2.缺乏先进的多媒体设备支持

英语听说教学需要依赖现代化的多媒体设备来提供真实语境的听力材料和进行口语练习。然而，许多高职院校的多媒体设备相对滞后，难以提供高质量的语音和视频资源。这使得教学难以贴近实际生活，也影响到学生对各种语音和语调的准确感知。

3.缺乏专业的英语教师队伍

一些高职院校可能面临英语教师队伍的问题，包括数量不足和专业水平参差不齐。缺乏足够的专业教师将直接影响到教学质量，尤其是在听说领域的教学质量。学生可能缺乏获得专业指导和反馈的机会，限制了他们听说能力的全面发展。

4.面临预算和投入不足的问题

由于经费有限，一些高职院校可能在英语听说教学方面的预算和投入相对不足。这意味着无法购买先进的教学设备、更新教材、提供专业培训等。缺乏足够的经济支持，学校难以为英语听说教学提供必要的条件和环境，从而制约了教学的效果。

（二）教学模式单一

1. 传统的师导式听说模式

传统的听说课程通常采用师导式模式，即教师主导整个教学过程。在这种模式下，教师往往是信息的主要提供者，而学生则扮演被动接收的角色。教师播放音频，学生被动地听取信息，然后按照老师的要求进行简单的口语表达。这一模式的缺点在于过于单一，无法激发学生的学习兴趣和主动性。

师导式模式使得学生在整个学习过程中缺乏探索和发现的机会，而更多地依赖于教师的指导。学生可能在课堂上仅仅是对知识点的被动接收，而无法培养自主学习和解决问题的能力。这样的模式使得听说能力的培养更显得机械和刻板，难以达到真正的语言运用水平。

2. 缺乏互动和实际语境

传统的听说模式常常缺乏真实语境和实际交际的机会。在这种模式下，学生在课堂上被动地听取音频，但很少有机会在真实语境中进行互动。这导致学生对于实际交际的语言运用能力相对薄弱。

互动和实际语境是语言习得中不可或缺的一部分。缺乏这样的机会，学生可能无法适应真实生活中的语言使用场景，无法应对各种复杂的交际情境。这使得他们在实际生活中的语言表达能力受到制约，难以做到流利自如地沟通。

3. 缺乏学习策略的传授

在传统模式下，教师往往忽略了对学习策略的传授。学习策略是学生提高听说能力的重要工具，包括但不限于有效的听力技巧、口语表达技能等。缺乏学习策略的培养使得学生在面对更复杂的听说任务时可能感到无措，难以运用合适的策略有效地解决问题。

学习策略的传授有助于学生更有针对性地进行听说训练，提高学习效率。然而，在传统模式下，教师往往过于注重教授知识点，而忽略了学生在实际学习过程中所需的方法和策略。这使得学生可能在应对实际听说情境时感到无措，阻碍了他们听说能力的全面发展。

(三)学生缺乏学习动力

学生在高职院校中普遍存在英语学习动力不足的现象，主要集中在听力和口语方面。首先，这一问题源自中学阶段英语基础的薄弱。许多学生在中学阶段并未建立扎实的英语基础，可能是学校资源不足或教学质量参差不齐导致。基础薄弱使学生进入高职院校后的英语学习变得更加困难，学生往往缺乏学习的自信和动力。

其次，学生对英语学习存在着畏难情绪。由于英语学习的困难和挫折，许多学生在面对英语学习时会产生消极情绪，对自己的语言能力产生怀疑和不安。特别是在涉及听力和口语方面，学生往往感到无从下手，缺乏面对挑战的勇气，这进一步削弱了他们的学习动力。

最后，学生在听力理解和口语表达方面遇到困难也是学习动力不足的重要原因之一。听力理解和口语表达是英语学习中至关重要的部分，但对于许多学生来说，这是一项具有挑战性的任务。他们可能发现自己难以理解英语口音，或者很难在实际交流中表达自己的想法，这进一步加剧了他们对英语学习的厌恶和抵触情绪。

(四)评价方式不合理

当前高职院校英语水平评估主要通过书面考试来进行，忽略了英语听说能力的重要性。这一狭隘的评价体系使得学生和教师更加注重书面表达，而对于实际语言运用的能力关注不足。学生在这种评价体系下更倾向于将学习焦点放在词汇记忆和语法规则上，而忽略了在实际交际中的语言应用。这不仅影响了学生全面提升英语水平的机会，也使得教育体系无法充分反映学生的真实语言能力。

三、人工智能在高职英语听力和口语教学中的应用

(一)智能语音识别技术的应用

智能语音识别技术在高职英语听力教学中的应用是当今教育领域中备受关注的一个重要方面。这项技术基于人工智能和语音处理技术，旨在识别和理解人类语音，为学生提供更有效的听力学习体验。在高职英语听力教学中，智能

语音识别技术的应用旨在提高学生的听力水平，并提供个性化、实时的学习反馈。以下将详细阐述智能语音识别技术在高职英语听力教学中应用的基本原理及其重要性。

首先，理解智能语音识别技术的基本原理对于其在高职英语听力教学中的应用至关重要。智能语音识别技术通过分析和处理音频信号，将语音转换为文本或命令。其核心原理包括语音信号的采集、预处理、特征提取和模式匹配。在采集阶段，技术通过麦克风等设备获取语音输入；在预处理阶段，对语音信号进行降噪和归一化处理；在特征提取阶段则将语音信号转化为数字表示，以便计算机进行处理；在模式匹配阶段，计算机利用模型和算法识别语音中的单词和短语，进而将其转换为文本或指令。

在高职英语听力教学中，智能语音识别技术的应用具有重要意义。它为学生提供了更加便捷和灵活的学习方式。学生可以通过语音输入进行听力练习，而无须依赖传统的书面材料或教学录音。这种灵活性有助于满足不同学生的学习习惯和节奏，提高他们的学习效率。

其次，智能语音识别技术可以实现个性化的学习反馈。通过分析学生的语音输入，系统可以有针对性地提供反馈和建议，帮助学生发现并纠正听力中的问题。例如，系统可以根据学生的发音准确度和语速控制情况，给予即时的评价和指导，帮助他们更好地理解听力材料。

最后，智能语音识别技术还可以提供可视化的学习成果和统计数据。学生可以通过系统查看自己的听力进展和学习成果，了解自己在不同听力技能上的表现，并据此调整学习策略和方法。教师也可以通过系统的统计功能了解学生的整体听力水平和学习需求，有针对性地进行教学设计和指导。

总的来说，智能语音识别技术的应用为高职英语听力教学带来了新的机遇和挑战。它为学生提供了更加便捷和个性化的学习体验，有助于提高他们的听力水平，增加学习动力。然而，要实现智能语音识别技术在听力教学中的最大价值，还需要持续改进技术的精准度和稳定性，同时加强教师的培训和指导，确保技术能够真正服务于教学实践的需要。

（二）虚拟语音助手的运用

虚拟语音助手是基于语音识别和人工智能技术的智能系统，能够与学生进行口语对话、提供实时反馈，并在口语练习中发挥重要的作用。下面将详细探讨虚拟语音助手在高职英语口语教学中的作用和优势。

1. 提供个性化的学习支持

虚拟语音助手可以根据每个学生的口语水平和需求提供个性化的学习支持。通过分析学生的发音、语法结构和词汇使用，虚拟语音助手能够制定针对性的口语练习内容，帮助学生在弱势领域得到更有针对性的提升。这种个性化支持有助于更好地满足不同学生的学习需求，提高口语学习效率。

2. 实时反馈促进自主学习

虚拟语音助手能够提供实时反馈，即时纠正学生的发音和语法错误。这种实时性的反馈对于学生的口语训练至关重要，使他们能够及时发现和纠正问题，提高口语表达的准确性。同时，实时反馈也促进了学生的自主学习，因为他们可以在练习中自行调整，并通过虚拟语音助手的指导逐渐提高口语表达水平。

3. 提供多样化的口语练习场景

虚拟语音助手可以模拟多样化的口语练习场景，使学生在不同情境下能够灵活运用口语。这包括日常对话、商务场景、旅行情境等。通过在多样化的场景中练习，学生能够更好地适应不同的交流环境，提高口语应对能力。这种实际场景的模拟有助于培养学生的实际口语应用能力，使他们在实际交流中更加得心应手。

4. 提高学生的学习兴趣，增加学习动力

虚拟语音助手通常以友好、互动的方式设计，具有良好的用户体验。这种形式使学生更愿意参与口语练习，提高他们学习的兴趣，增加学习的动力。通过与虚拟语音助手进行对话，学生能够在轻松愉快的氛围中进行口语练习，从而更好地投入学习中。

总体而言，虚拟语音助手在高职英语口语教学中的作用和优势是多方面的。它不仅提供了个性化的学习支持，促进学生自主学习，还通过实时反馈、多样化的练习场景和良好的用户体验，有效提高了学生口语表达的能力和学习的积极性。在智能技术的支持下，虚拟语音助手将继续在高职英语口语教学中发挥重要作用，为学生提供更加全面、深入的口语学习体验。

（三）个性化听说练习系统的设计

1. 系统模块

个性化听说练习系统的设计需要考虑多个关键模块，以确保系统能够满足学生个性化学习的需求。

（1）语音输入模块：该模块负责接收学生的语音输入，通过麦克风或其他语音采集设备实现。语音输入模块需要确保高质量的语音信号采集，以保证后续准确识别语音。

（2）语音识别与分析模块：这是个性化听说练习系统的核心。该模块使用先进的语音识别技术，将学生的口语输入转换为文本，并进行语法、发音等方面的分析。通过此模块，系统能够准确评估学生的口语水平。

（3）学生个性化分析模块：基于语音识别结果，系统需要对学生的个性化口语水平进行分析。这包括发音准确性、语法结构、流畅度等方面的评估。该模块能够识别学生的强项和弱项，为后续的个性化练习提供基础。

（4）练习内容生成模块：基于个性化分析结果，系统需要动态生成个性化的口语练习内容。这包括针对学生弱项的特定练习、适应其口语水平的话题和难度等。该模块需要考虑多样性，确保学生在不同方面都能得到有效练习。

（5）实时反馈与建议模块：系统应提供实时的口语反馈和建议。这一模块可以通过语音识别结果和学生个性化分析来给出有针对性的建议，帮助学生即时改进口语表达。

2. 技术支持

（1）语音识别技术：使用先进的语音识别技术是系统设计的核心。这涉及自然语言处理（NLP）和深度学习技术，以提高识别的准确性和智能化水平。

（2）个性化算法：个性化听说练习系统需要强大的个性化算法，以根据学生的个体差异调整练习内容和反馈。这涉及机器学习算法和数据挖掘技术。

（3）实时反馈技术：为了确保系统能够提供及时的反馈，需要采用实时处理技术。这包括快速的数据分析和实时语音处理。

3. 载体

（1）移动应用软件

将个性化听说练习系统设计成移动应用软件的优势在于学生能够随时随地

进行口语练习，从而提高学习的灵活性。该移动应用软件具备以下特点。

①实时性和便携性：学生可以在手机或平板设备上随时启动应用软件，进行个性化的口语练习。这增加了学生自主学习的机会，使口语练习融入他们的日常生活。

②个性化提醒与推送：该移动应用软件可以定期向学生发送口语练习提醒，并根据其学习习惯提供个性化推送，帮助他们保持学习动力。

③离线使用：为了应对网络不稳定的情况，设计移动应用软件应支持离线使用，使学生在没有网络连接的情况下仍能进行口语练习。

例如，流利说英语是一款语言学习应用软件，通过其移动应用用户可以随时进行语言学习，包括口语练习。移动应用软件提供了个性化的学习计划和实时反馈，帮助用户提高口语水平。

（2）Web 平台

提供基于 Web 的平台使得学生能够在各种设备上访问系统，增加了系统的灵活性和覆盖范围。该平台包含以下特点。

①多设备兼容：学生可以在不同的设备上访问系统，包括个人电脑、平板电脑和智能手机，增加学习的便捷性。

②云端存储与同步：学生的学习数据能够在不同设备之间同步，确保他们可以随时随地接续之前的学习任务。

③交互性和可视化：Web 平台具备良好的用户界面，通过交互性和可视化元素增强学生的学习体验。

（3）虚拟助手设备

考虑将个性化听说练习系统嵌入虚拟助手设备中，如智能音箱，以提供更自然的语音交互和更直观的用户体验。

①语音交互：学生可以通过语音指令与虚拟助手进行口语练习，模拟真实的口语对话。

②全方位感应：智能音箱通常具备全方位的语音感应，能够捕捉学生的口语输入，使学习更为方便。

"小爱同学"是小米推出的语音助手，嵌入在小米智能音箱等设备中。通过与小爱同学的语音交互，用户可以进行口语练习，模拟真实的英语对话情境。

通过这些载体的设计，个性化听说练习系统能够更好地适应学生的学习习惯和需求，提供更灵活、更便捷且个性化的英语听说学习体验。

四、基于人工智能的高职英语听说课程构建

（一）学生能力摸底测试

在听说教学开始前，人工智能算法可以帮助进行起步英语水平测试，测试有多种题型，包括听力理解、口语表达、阅读理解等，全面了解学生在不同语言技能上的水平。这种测试不仅可以对学生整体水平有一个初步认知，还能发现其在听说方面的潜在问题和优势。

通过人工智能算法设计多样化的词汇测试题目，系统可以评估学生的词汇广度和深度，为后续听说教学提供个性化的词汇培养方案。这有助于教师更有针对性地进行课程设计，满足学生在听说中对词汇运用的需求。通过语音识别技术，人工智能算法可以对学生的发音进行准确评估。这为教师提供了有效的工具，能够了解学生在发音方面可能存在的问题，帮助他们进行有针对性的发音训练，提高口语表达的准确性。

（二）课前模拟场景听说训练

在课前模拟场景听说训练中，教师可以设计各种真实场景，如购物、旅行、工作等，以模拟学生在实际生活中可能遇到的情境。这有助于学生更好地应对各种日常交流场景，培养他们在真实环境中的听说表达能力。为了使训练更具体有效，教师可以为学生制定具体的任务，并分配不同的角色。例如，在模拟购物场景中，学生可以扮演顾客或店员，进行实际的听说交流。这样的任务和角色分配有助于激发学生的兴趣，使训练更富有趣味性和实用性。

（三）课堂针对性指导和操练

在课堂中，教师首先需要进行有针对性的指导。通过分析学生在前期摸底测试和模拟场景训练中的表现，教师可以识别出学生在听说方面的强项和薄弱项。基于这些诊断性数据，教师能够为每位学生量身定制指导计划，强调个体差异，满足学生的个性化需求。教师在课堂上可以设计一系列有针对性的听说

任务，以便学生能够在实际练习中巩固所学知识。这些任务可以包括口语对话、听力理解练习、小组交流等。任务的设计应考虑到学生的水平和需求，既有挑战性又有可操作性，激发学生的学习兴趣。

为了使听说操练更贴近实际应用，教师可以借助虚拟现实（VR）技术创设真实语境。通过模拟实际工作场景、社交场合等，学生可以在虚拟环境中进行角色扮演、讨论真实案例等，激发他们运用英语进行实际交际的兴趣和能力。VR技术提供了更丰富、更真实的语境，使学生能够更好地适应实际生活中的听说挑战。

（四）课后学习巩固与延展

教师根据课堂情况布置作业并收集作业，利用平台的数据统计功能分析作业完成情况。这节省了批改作业和统计分数的时间，同时能够更深入地了解学生对知识的掌握情况，有助于灵活调整教学重点。强大的数据统计功能还让教师能够反思教学过程，评估教学效果，调整教学策略，改进教学方法，从而提升教学水平。此外，人工智能教学软件提供的资料可以永久保存在手机端，方便学生随时复习，实现了数据的自由共享。

教师根据学生实际情况，利用智能英语听说软件的不同板块和内容设置相应的练习任务，满足学生个性化的学习需求。这种个性化教学基于人工智能的便捷性、科学性和个性化特点，使得学生能够自主练习，获得更有效的学习体验。

（五）依托人工智能技术开展测评

通过人工智能技术，对学生的实际情况进行全面评估和及时反馈，形成个人学习成果。学生能够追踪自身的成长轨迹，深化对个人发展的认识，激发学习兴趣。通过制订个性化的自主学习计划，学生能更有效地提高学习效率和自主学习能力。教师则能够对测评结果进行深入分析与总结，制订合理的反馈内容，以促进学生进一步提升。

第二节 人工智能在高职英语阅读和写作教学中的应用

一、高职英语阅读和写作教学

（一）高职英语阅读和写作教学的特点

高职英语阅读和写作教学具有其独特的特点，这些特点既涉及学生的背景和需求，也关联课程的设计和教学方法。

首先，高职英语阅读和写作教学的学生主体通常是具有一定实际工作需求的职业技术类学生，这些学生可能更关注英语的实用性和职业相关性，因此教学内容需要紧密结合工作场景，强调实际应用。教师在设计课程时应该考虑到学生的职业目标和对实际应用能力的培养，使阅读和写作技能更符合实际职业需求。

其次，高职英语阅读和写作教学通常着眼于培养学生的专业素养。学生需要具备在特定领域进行专业文档阅读和撰写的能力。因此，教学内容应该侧重于相关专业领域的实际文献、报告、手册等文本类型，以提高学生在专业领域中的语言运用能力。

最后，高职英语阅读和写作教学也应强调跨学科和跨文化的特点。随着全球化的进程，学生需要理解和撰写涉及不同文化和领域的文本。因此，教学应该注重培养学生的跨文化沟通意识和能力，使其能够更好地适应国际化的职业环境。

在方法上，高职英语阅读和写作教学需要更注重实践性和任务型的教学方法。通过实际案例分析、专业文本的模仿撰写和实际项目的合作，学生能够更深入地理解和应用所学的英语阅读和写作技能。

综合来看，高职英语阅读和写作教学的特点在于实用性、专业性和跨学科性，要求教师在教学设计中充分考虑学生的背景和需求，培养学生实际工作所需的英语技能。

（二）阅读和写作在英语学科中的重要性

阅读是获取信息和知识的主要途径。通过阅读，学生能够接触到各种文本形式，包括文章、教材、报纸、专业论文等。这种广泛的阅读经验有助于学生扩展词汇量、理解语法结构，并提高对不同文体和风格的感知能力。阅读也是学科学习的入口，可以帮助学生深入理解专业知识和发展学科思维。

而写作是语言表达和思维整合的关键工具。通过写作，学生能够将所学知识整合并表达出来，提升自己的思辨和逻辑推理能力。写作能力也是对学科知识运用的一种反映，通过写作，学生能够展示对专业概念的理解以及解决问题的能力。此外，写作还是自我表达和沟通的有效手段，在职业领域中，良好的写作能力对于与他人协作、撰写报告和进行项目管理至关重要。

阅读和写作相辅相成，共同构建了学科学习的基石。通过阅读，学生获得了丰富的信息和知识，而通过写作，他们能够巩固、应用和传递这些知识。在英语学科中，培养学生的阅读和写作能力是提高语言素养、学科水平和职业竞争力的关键路径。教师在教学中应注重综合性的英语能力培养，旨在使学生在语言运用、学科学习和职业发展中都能游刃有余。

二、人工智能技术在英语阅读教学中的应用

（一）自适应学习系统

1. 自适应学习系统的基本原理

自适应学习系统（Adaptive Learning System）是一种利用人工智能技术，根据学生的学习情况和需求，个性化地调整教学内容和方式的学习系统。在英语阅读教学中，自适应学习系统的应用可以有效提高学生的学习效率，增强学习动机，促进他们在阅读理解方面的能力提升。

自适应学习系统首先通过收集学生的学习数据，如学习行为、学习历史、答题情况等，建立学生的学习模型。学习模型包括学生的学习偏好、弱点和优势等信息，为系统个性化的教学提供基础。自适应学习系统会对教学内容进行

分析和分类，根据学生的学习模型，匹配合适的学习资源和教材。这些学习资源可能包括不同难度和类型的阅读材料、习题、教学视频等。基于学生的学习模型和教学内容的匹配，自适应学习系统会为每位学生制订个性化的学习路径。针对学生的学习目标、水平和需求，系统会自动调整学习内容的顺序、难度和数量，最大限度地满足学生的学习需求。自适应学习系统能够实时监测学生的学习表现，并提供即时的反馈和建议。根据学生的学习情况，系统会动态调整学习计划和教学策略，帮助学生克服困难，提高学习效率。

最后，自适应学习系统通过对学生学习数据的分析和挖掘，不断优化系统的算法和模型，提高系统的个性化和精准度。系统会根据大数据技术，挖掘出更深层次的学习模式和规律，为教学决策提供科学依据。

2.自适应学习系统在提升学生阅读能力中的作用

自适应学习系统在提升学生阅读能力方面发挥了显著作用。首先，通过个性化学习路径的设计，系统能够根据学生的学习需求和水平，为每位学生量身定制阅读教材和练习，确保他们在适当难度下进行学习。这种个性化的学习路径能更好地满足学生的阅读需求，使其在阅读的过程中更为主动、积极。

其次，自适应学习系统提供有针对性的练习和反馈。系统通过实时监测学生的学习表现，能够针对每位学生的阅读水平和理解能力，提供具有针对性的阅读练习和即时的反馈。这种个性化的指导有助于学生更好地理解和纠正阅读中的问题，从而逐步提高阅读理解能力。

再次，系统提供多样化的阅读材料，涵盖不同主题、文体和难度的文章。学生可以根据自己的兴趣和需求选择合适的阅读内容，从而激发学习兴趣，提高阅读积极性。这种个性化的选择权使学生能够在感兴趣的领域深入学习，促进他们在不同领域的阅读中积累多样的知识和经验。

复次，系统灵活的学习时间和地点也是其提升学生阅读能力的优势之一。学生可以根据自己的时间安排和学习节奏，在任何时间、任何地点进行阅读学习，使得学习更为便捷和高效，有助于加强阅读训练，提升阅读能力。

最后，自适应学习系统通过持续跟踪和调整，能够实时监测学生的学习进度和表现。系统会根据学生的反馈和学习数据，及时调整学习计划和教学策略，以确保学生在阅读能力方面持续改进和进步。这种持续性的调整和优化为学生提供了学习上的精准指导，使其能够更有针对性地提升阅读技能。

（二）文本分析工具

文本分析工具是一类利用自然语言处理（NLP）和机器学习等技术，对文本数据进行系统性分析和解释的软件或应用程序。这些工具旨在从文本中提取有意义的信息、模式和关系，以帮助用户更深入地理解文本数据的含义。

文本分析工具在辅助学生理解复杂文本方面发挥着重要作用，它们通过技术手段帮助学生更深入、更全面地理解文本，提升阅读理解水平。

（1）关键词提取

文本分析工具可以通过提取文本中的关键词，帮助学生抓住文章的重点和核心信息。关键词提取有助于学生在阅读过程中更加聚焦，厘清文章的脉络和主旨。这对于理解复杂文本、抓住关键信息非常有帮助。

（2）语法和句法分析

文本分析工具可以进行语法和句法分析，帮助学生理解句子结构、成分之间的关系，从而更好地理解文本的语法结构。这对于学生理解复杂句子、把握句子内在逻辑关系有积极作用。

（3）情感分析

一些文本分析工具能够进行情感分析，帮助学生感知文本中的情感色彩。理解文本的情感语调有助于更深层次地理解作者的态度、观点以及文章的情感基调，从而使阅读更具深度。

（4）主题分析

文本分析工具可以进行主题分析，帮助学生理清文章的主题结构和论述逻辑。通过识别文本的主题，学生能够更好地理解作者的写作意图，把握文章的逻辑脉络。

（5）自动摘要生成

一些文本分析工具能够生成文本的自动摘要，提供文章的精练版本。这有助于学生迅速了解文本的要点，缩短阅读时间，提高阅读效率。

（6）知识图谱构建

文本分析工具可以构建知识图谱，将文本中的关键概念和信息以图形形式展示出来。通过可视化的方式呈现文本信息，学生能够更清晰地理解概念之间的关联，加深对复杂文本的理解。

这些文本分析工具的应用为学生提供了多维度、多角度的辅助信息，使学生在理解复杂文本时更加得心应手。通过利用这些工具，学生能够更系统地分析文本，培养深层次的阅读能力，提高对复杂信息的把握能力。

三、人工智能技术在英语写作教学中的应用

（一）语法纠错工具

语法纠错工具作为人工智能技术在英语写作教学中应用，其技术原理涉及多个方面，主要围绕自然语言处理（NLP）和机器学习展开。首要的步骤是建立一个有效的训练模型，使得工具能够深刻理解正确的语法用法和常见的错误。

在训练模型的过程中，语法纠错工具依赖大规模的文本数据集，包括正确的语法用法以及常见的错误案例。通过这些数据，语法纠错工具建立了一个语法模型，该模型可以识别文本中的语法结构和规则。

特征提取是另一个关键的步骤，语法纠错工具通过提取文本中的各种特征，如词性、词频、句法结构等，构建了一个特征空间。这些特征有助于语法纠错工具更全面地理解文本的结构和语法规则，为后续的判断和纠正提供基础。

机器学习算法在语法纠错工具的技术原理中扮演着关键的角色。通过训练模型，语法纠错工具能够根据提取的特征判断文本中是否存在语法错误，并提供可能的错误位置和纠正建议。这种方法使得语法纠错工具能够在写作过程中自动检测潜在的语法问题，为学生提供实时的反馈和建议。

此外，语法纠错工具还包含一系列规则和规范，这些规则和规范可以直接用于检测和纠正一些常见的语法错误，为语法纠错工具提供了在特定情境中更准确处理语法问题的能力。

更先进的语法纠错工具会考虑上下文信息，不仅关注个别词汇或短语的语法正确性，还会考虑它们在整个句子或段落中的语境，使语法纠错工具在提供纠错建议时更为智能和全面。

（二）写作辅助工具

1.写作辅助工具的功能和特点

写作辅助工具是一类利用人工智能技术的应用程序，旨在协助学生提高写作质量、表达逻辑和连贯性。这类工具具有多种功能和特点，主要包括以下几个方面。

（1）语法检查与拼写纠错：写作辅助工具能够检测和纠正文本中的语法错误和拼写错误。通过即时的反馈，学生可以及时发现并纠正他们文章中的语法和拼写问题，提高文本的准确性。

（2）词汇丰富性提升：写作辅助工具可以提供同义词替换、词汇搭配建议等功能，帮助学生提升文章中的词汇丰富性，使表达更加生动多样。

（3）语句结构优化：写作辅助工具能够分析语句结构，提供优化建议，使得学生的表达更加清晰、简洁，有助于文章整体的逻辑性和连贯性。

（4）段落组织建议：写作辅助工具可以就段落组织提出建议，帮助学生更好地安排论述结构，使得整篇文章在逻辑上更加有条理。

（5）实时反馈：写作辅助工具通常提供实时反馈，学生在写作过程中可以得知错误和改进建议，逐步提高写作技能。

2.常见的写作辅助工具

（1）有道智云

有道智云是基于深度学习网络技术的自动作文批改技术。其覆盖学生英语学习全周期，基于数十个评分维度，提供作文评分、建议评语、智能纠错，从而向用户提供有针对性的作文指导意见。

（2）微软爱写作

微软爱写作提供中英文写作批改服务，包括语法检查、写作建议等。借助微软的自然语言处理技术，用户可以获得即时的文本分析和改进建议。

该工具结合微软的先进技术，不仅可以检查语法错误和拼写问题，还能对文章的表达进行深入分析，提供更全面的写作建议。有助于提升文章的语法水平和整体表达能力。

（3）Grammarly

Grammarly 以其高效的语法检查和全面的写作建议而著称。即使在免费版本中，用户也能受益于实时的语法纠正和写作建议，适用于个人和专业写作领域。

这些工具通过结合人工智能和自然语言处理技术，为用户提供实用、全面的写作辅助服务，旨在提高文章质量、语法水平和表达能力。用户可以根据个人需求选择最适合自己的写作辅助工具。

四、基于人工智能的高职英语以读促写教学策略

（一）英语阅读与写作的整合

阅读与写作在语言学习中相辅相成，两者之间存在密切的关系。阅读提供了对语言使用的实际模型，而写作则是学生运用这些模型、表达自己思想的手段。这种整合不仅能够提高学生的语言综合能力，还有助于培养他们的批判性思维和创造性表达。在教学中，通过设计任务将阅读与写作贯穿于整个学习过程，可以更好地激发学生学习的兴趣和动力，促使他们在语言运用上取得更好的效果。

阅读是学生获取语言输入的途径之一，通过阅读，学生接触到各种语言形式、表达方式以及不同领域的专业知识。阅读不仅是获取信息的过程，更是对语言结构、词汇、语法等方面的学习。当学生通过阅读理解了这些语言模型，写作就成为运用这些模型的实践环节。写作要求学生将阅读中获取的信息进行加工、整合，通过表达自己的观点、想法，从而形成对语言的更深层次的理解。因此，阅读为写作提供了素材和灵感，写作则是对阅读进行深度消化和再创造的过程。

设计任务将阅读与写作贯穿于整个学习过程，是实现整合的有效途径。在课程设计中，可以设置一系列的任务，使学生在阅读的基础上展开写作活动。例如，可以选择一篇包含丰富信息和有趣观点的文章，要求学生通过阅读理解文章的主旨和结构，并进一步撰写评论、摘要或者是与文章相关的个人见解。这个任务的设计将促使学生在阅读中培养批判性思维，同时在写作中体现对所读内容的理解和运用。

另外，也可以通过学生的写作作品来引导后续的阅读活动。学生的写作作品可以作为教学反馈的重要依据，教师可以根据学生的写作表现，选择更适

合他们水平和兴趣的阅读材料，形成良性循环。这种任务设计不仅加深了学生对阅读和写作之间关系的认识，也使他们在实际操作中更好地应用这些语言技能。

在整合阅读与写作的任务中，教师的角色至关重要。教师不仅要起到引导和激发学生学习兴趣的作用，还应当及时给予反馈和指导。在学生进行写作的过程中，教师可以提供关于语言表达、结构安排、观点深化等方面的建议，帮助学生不断改进。同时，通过鼓励学生多读多写，培养他们自主学习的能力，使他们在整合阅读与写作的过程中不断进步。

（二）课前预习

科大讯飞 FIF 智慧平台是一款智能化的学习工具，通过人工智能技术，可以根据学生的个性化需求、学科水平、兴趣爱好等信息，为每位学生定制适合他们的学习内容。这为实现个性化教学提供了技术支持。

课前，利用 FIF 平台，教师可以事先挑选或上传与教学内容相关的阅读材料，然后布置给学生进行课前熟读。这些材料可以涵盖教学内容的各个方面，包括语法、词汇、阅读理解等，根据学生的学科水平进行难度调整。

在阅读材料中，可以融入范文或优秀写作的例子，帮助学生更好地理解并掌握范文表达的技巧。学生通过熟读这些材料，可以在语感、词汇选择、句式结构等方面得到启发，提高写作水平。

FIF 平台可以通过语音识别、文本分析等技术，对学生在阅读材料学习过程中的表现进行智能评估。系统可以给予实时反馈，指导学生在学习的过程中发现和纠正错误，提高学习效率。根据学生的学习表现和评估结果，FIF 平台可以生成个性化的学习路径，为每位学生量身定制进阶的阅读材料和练习，确保学习的渐进性和高效性。

通过在 FIF 平台上进行课前阅读材料的输入，学生可以在自主学习的环境中获取知识。这有助于培养学生的学习主动性和自我管理能力，提高他们对学科内容的深度理解。

（三）课中写作

通过有道写作平台，指导学生完成仿写任务。仿写是一种有效的学习方法，通过模仿优秀的范文，学生可以学习到优秀的写作技巧、句式结构和表达方式。有道写作平台提供了丰富的范文资源和实时的在线写作环境，使学生能够灵活地进行仿写练习，并且可以随时获取反馈和指导。

接着，学生根据智能修改系统的建议对自己的习作进行修订。智能修改系统可以帮助学生发现文章中的语法错误、逻辑不清等问题，并提出相应的修改建议。学生在修订习作的过程中不仅可以提升自己的写作水平，还能够锻炼审题、归纳、总结和提炼的能力。通过不断地修订和完善，学生的写作技巧和表达能力会得到进一步的提高，从而更好地应对各种写作任务和挑战。

（四）课后巩固

首先，教师可以通过 AI 关键词句检测巩固练习来帮助学生巩固所学知识。这种练习可以让学生在课后对关键词汇和句型进行复习和检测，帮助他们加深对于语言要点的理解和掌握。

其次，教师通过有道写作平台布置写作拓展任务。有道写作平台提供了丰富的写作资源和实时的写作反馈机制，学生可以在平台上进行实时的写作练习，并且获得及时的指导和反馈。同时，学生可以通过平台进行同伴互评和点赞，促进学生之间的交流和学习。

在学生完成写作任务后，教师可以根据监测数据跟进学生的学习进度。通过分析学生的写作表现和反馈情况，教师可以及时发现学生存在的问题和困难，有针对性地进行指导和帮助，帮助学生更好地提高写作水平。

整个课后巩固环节通过 AI 技术的应用，为学生提供了更加个性化和精准的学习体验，也为教师提供了更多的数据支持和反馈，有助于提高教师教学效果和学生学习成效。

第三节　人工智能在高职英语翻译教学中的应用

一、高职英语翻译教学现状

（一）师生对英语翻译教学不够重视

在高职院校中，无论教师还是学生都更倾向于专注于英语学科中的基础内容，如单词、语法和阅读等，而相对忽略了翻译能力的培养，导致学生在实际应用中的翻译技能相对薄弱。

同时，由于高职院校多为三年制，学制较短，然而英语课程覆盖的知识相对较多，导致英语翻译教学的时间分配相对较少。这使得教师在有限的时间内往往更注重基础知识的传授，而在翻译技能的培养上投入较少的时间。

对英语翻译教学的关注不足可能导致学生在实际应用中面临翻译困难，无法胜任专业领域的翻译任务。因此，有必要重新审视并调整高职英语翻译教学的现状，以更好地满足学生在实际职业中的英语翻译需求。

（二）学生基础较差

相较于普通高等院校的学生，高职院校的英语学生普遍存在基础较弱的情况。首先，学生的单词量有限，对语法的掌握不够系统。这使得在翻译过程中，学生可能会遇到一些较为复杂的长难句，其中涉及的单词可能是他们不熟悉的，从而难以准确理解句子结构，影响翻译。其次，学生的书面及口头表达能力相对较弱。在翻译任务中，除对语法和词汇有要求外，对表达的流畅性和准确性也提出了更高的要求。学生可能面临难以恰当表达翻译结果的问题，影响翻译的质量。此外，由于知识面相对较窄，学生可能会遇到翻译材料涉及的领域陌生，导致无法准确理解原文含义的情况。对于专业性较强的翻译任务，学生的基础不足可能使其难以应对。最后，学生普遍欠缺跨文化意识，这可能导致在涉及跨文化交流和翻译时误解或不当表达。

因此，针对这些问题，教师在教学中需更注重基础知识的巩固与提高，设计更具针对性的教学方法，以更好地满足高职院校英语翻译教学学生的需求。

（三）教学素材单一、滞后

教学素材的质量直接关系到学生学习的深度和广度，而在高职英语翻译教学中，存在着教学素材单一且滞后的问题。目前的教学素材主要集中在传统的语法、词汇和基础翻译实践上，缺乏与时事政治、文化、经济市场等紧密结合的素材。这导致学生在翻译实践中难以应对复杂的现实情境，缺乏对多领域翻译需求的了解和应对能力。

随着社会的不断发展和变化，英语语言体系也在不断更新，新词汇、新用法层出不穷。然而，高职院校的英语翻译教学素材并没有及时跟进，使得学生的学习内容未能与时俱进。例如，未结合时事政治和商业发展趋势等实际素材进行教学，导致学生所学的翻译知识相对滞后，无法紧密贴合当前社会的发展需要。

这种教学素材的单一和滞后可能使学生的翻译能力停留在传统的层面，难以适应未来翻译工作对多领域、跨文化的需求。为解决这一问题，有必要通过更新教学素材，引入更丰富、实际的内容，以拓展学生的视野，增强其面对未来挑战的能力。

（四）现代技术的应用不足

一些高职院校的英语翻译教学仍然依赖传统的教材和课堂教学，未能充分利用现代技术来拓展教学手段。缺乏多样化的教学平台和资源，限制了学生在翻译学习过程中的体验和学习途径。

二、人工智能对高职英语翻译教学的影响

（一）增加翻译教学的趣味性

人工智能在翻译教学中应用，通过引入创新的教学模式和丰富多彩的学习内容，显著提升了翻译教学的趣味性。

首先，传统翻译教学注重理论和技巧的传授，通常以文学作品为主要翻译

内容，容易导致学生对翻译课程失去兴趣。而人工智能应用技术丰富了教学内容，涵盖了广泛的知识领域，使学生有机会接触到更多感兴趣的行业知识。这种以兴趣为基础的教学活动，让学生在翻译知识学习中体验更多乐趣，激发了他们的学习兴趣和主动性。

其次，人工智能技术创造了与学生互动的模式。通过系统的设计，学生可以与人工智能平台进行交互，获取实时反馈，了解自己的翻译状态和水平发展。这种互动模式使得学习不再是单向的，而是一个更加灵活和动态的过程。学生在与系统的互动中能够积极参与，调整学习策略，更有针对性地提高翻译水平。

另外，人工智能应用技术借助丰富的学科领域和知识资源，主动匹配与学生兴趣相符的内容。系统会根据学生的个人偏好和英语水平，智能匹配学习内容，确保学生学习的翻译内容既符合他们的预期，又能够挑战和激发兴趣。这样的个性化匹配不仅使学习更具趣味性，也有助于学生构建个人独特的学习模式。

最后，人工智能应用技术丰富了教学内容，引入了许多趣味性强、生动形象的元素，如经典影视剧桥段、法律案例分析等。这些趣味性的内容不仅能够引起学生的兴趣，也满足了有不同兴趣爱好的学生的需求。这样的教学设计使得翻译教学活动更具生动性，吸引力大大提高。

（二）提高翻译教学的效率

传统的翻译教学活动受到翻译速度的限制，导致教学效率相对较低。教师在短时间内难以传授所有翻译技巧和方法，学生对翻译知识了解有限，从而影响了课堂上的高效翻译教学效果。在这种情况下，引入人工智能应用技术成为提升英语翻译教学效率的一种积极尝试。

首先，人工智能应用技术的快速翻译能力为教学提供了巨大的助力。相比传统方式，人工智能可以在几秒钟内输出大致意思，这大大提高了翻译的速度。教师可以利用这一优势，将更多时间用于深入讲解翻译技巧和方法，使学生更全面地掌握翻译知识。

其次，学生在使用人工智能翻译软件时，可以通过反复练习掌握基本的翻译技巧。由于人工智能的快速响应和即时反馈，学生能够在翻译过程中不断调整，逐渐提高翻译的准确性和效率。这种学习模式不受时间和空间的限制，使得学生可以在课后继续进行自主学习，促进了个性化学习模式的构建。

最后，教师可以利用人工智能应用技术选择课本之外的文章作为翻译原材料。这种方法可以为学生提供新颖的学习体验，通过机器翻译得到初步翻译结果后，教师可以解析其中的翻译技巧，从而节省翻译时间，使学生更好地理解和吸收知识。这也为师生之间更好的互动交流提供了机会，推动了英语翻译教学的进一步提升。

（三）提升翻译教学质量

提升翻译教学质量是一个关乎教学效果和学生学习成果的重要问题，而借助人工智能应用技术可以有效提高英语翻译教学的质量和效果。

首先，人工智能翻译技术的稳定性和准确性是提升教学质量的重要保障。机器翻译经过严谨的模型建立和系统完善，翻译出较为准确的结果，排除了主观因素的影响，使得翻译结果更客观、更可靠。这样的技术支持可以为学生提供更准确的参考和学习依据，从而提高学习效率和学习质量。

其次，人工智能技术提供了更多可供选择的翻译内容，满足了学生个性化学习的需求。学生可以根据自己的兴趣和学习需求选择感兴趣的领域进行翻译学习，从而激发学生的学习积极性和主动性。这种个性化的学习模式有助于提高学生的学习效果，增强教学的针对性和实效性。

最后，借助人工智能技术，教师可以更好地监测和评估学生的翻译学习情况，并提供有针对性的指导和建议。通过智能化的监测和反馈系统，教师能够及时了解学生的学习进度和困难，帮助他们更好地理解和掌握翻译知识。这种个性化的指导和反馈有助于学生更清晰地认识自身能力发展，提高教学质量和效果。

三、人工智能可应用在翻译教学中的技术

神经机器翻译（Neural Machine Translation，NMT）是近年来在机器翻译领域取得重大进展的技术之一。它利用深度学习方法来实现从一种语言到另一种语言的自动翻译，相较于传统的基于规则和统计的机器翻译方法，NMT 具有更高的准确性和流畅度，为翻译教学和实践带来了新的机遇与挑战。

（一）技术原理与工作机制

神经机器翻译（NMT）是一种基于深度学习技术的机器翻译方法，其核心思想是利用深度神经网络来模拟翻译过程。这种方法通过多层次的神经网络结构，使翻译系统从大量的语言数据中学到复杂的语言映射关系，从而更好地理解源语言句子并生成目标语言句子。

在 NMT 中，常见的神经网络结构是编码器—解码器结构。首先，编码器负责将源语言句子转换成一个语义向量，这个向量包含了源语言句子的语义信息。这个过程就像是将整个句子压缩成一个有意义的向量表示。接着，解码器根据这个语义向量生成目标语言句子。这个过程就如同解码器通过语义向量还原出目标语言的语句。

在神经网络结构中，采用的核心技术包括长短期记忆网络（Long Short-Term Memory，LSTM）和注意力机制。LSTM 是一种能够更好地处理长距离依赖的神经网络结构，有助于捕捉句子中的长程关系。而注意力机制允许模型在翻译的过程中更加集中地关注源语言句子的不同部分，使得翻译结果更加准确。

举个例子来说，当翻译一句话时，编码器首先将源语言的每个词转换成一个向量，并组合成一个完整的语义向量。解码器通过这个语义向量逐步生成目标语言的词汇。在这个过程中，注意力机制让模型可以在翻译每个词的时候集中关注源语言句子中与当前词相关的部分，从而更好地理解上下文关系。

总的来说，神经机器翻译通过深度学习技术，使得翻译系统能够更好地处理复杂的语言，提高翻译的准确性和流畅度。这为翻译教学和实践带来了全新的可能性，使得我们能够更自然、更准确地进行语言翻译。

（二）NMT 相对于传统机器翻译的优势

神经机器翻译（NMT）相较于传统的基于规则和统计的机器翻译方法，展现了一系列显著的优势，这些优势使得 NMT 成为机器翻译领域的一项重要技术创新。

首先，NMT 采用了端到端的学习模型。传统的机器翻译方法通常包括多个模块，例如分词、词性标注、对齐等，这些模块需要独立设计和串联，导致系统复杂度高，维护难度大。相比之下，NMT 直接将源语言句子映射到目标语言句子，简化了整个翻译流程，减少了设计和调整的复杂性。

其次，NMT 在上下文信息处理方面表现出色。通过深度学习技术，NMT 能够更好地捕捉源语言句子中的上下文信息，有力地处理了长距离的依赖关系。这使得在翻译过程中，NMT 能够更好地理解整个句子的语境，生成更加连贯、流畅的翻译结果。

再次，NMT 具有出色的灵活性与泛化能力。相较于传统方法对于句子长度和结构的限制，NMT 可以处理不同长度和结构的句子，同时在面对未见过的句子时依然能够取得较好的翻译效果。这使得 NMT 更适用于不同领域和实际应用场景。

最后，NMT 展现了强大的语言表达能力。神经网络能够更好地学习语言的语义和语法规则，因此 NMT 生成的翻译结果更加准确、自然。这使得翻译的结果更符合人类语言表达的习惯，提高了翻译的质量和可理解性。

（三）实践案例与教学应用

1.NMT 在翻译教学中的具体应用场景

神经机器翻译（NMT）在高职英语翻译教学中的应用为学生提供了多种丰富的学习场景和更全面的学习体验。

首先，辅助翻译练习是 NMT 在英语翻译教学中的一项重要应用。通过使用 NMT 工具，学生可以将源语言文本输入系统，然后分析和改进系统输出的目标语言翻译。这样的练习有助于学生深入理解 NMT 的运作原理，同时提升对语言结构和用法的认识。通过不断比对自己的翻译和 NMT 的输出，学生能够审视差异并逐渐提高独立翻译的能力。

其次，实际项目翻译为学生提供了更贴近职业需求的学习体验。引入真实的翻译项目，让学生利用 NMT 工具处理实际任务，既锻炼了学生的实际操作能力，也使他们更好地理解在实际工作中应用 NMT 的场景。这种教学方式不仅使学生更好地适应未来的职业要求，还激发了学习兴趣。

最后，语言交流与合作通过 NMT 工具的应用变得更加便捷。学生可以利用 NMT 工具与非母语人士进行语言交流，增加跨文化交流的机会。这样的实践培养了学生的实际应用能力和跨文化沟通技能，为他们未来从事翻译工作或跨国合作提供了更多的经验积累。

综合而言，NMT在高职英语翻译教学中的应用不仅为学生提供了多元化的学习场景，也使学生更好地融入实际翻译任务，培养了他们的实际操作能力、跨文化交际技能，并为未来的职业发展奠定了坚实的基础。

2.学生如何通过使用NMT工具改进翻译质量

学生在使用NMT工具改进翻译质量时，可以采取多种方法，通过对比分析、考虑语言修辞与文化因素，并接受反馈与调整来不断提高翻译的质量。

首先，学生可以将NMT生成的翻译结果与自己的翻译结果进行对比，分析其中的差异。通过比较两种翻译版本的语言表达、语法结构以及语义准确性，学生能够更好地理解NMT在不同语境下的优势和不足之处，从而有针对性地改进自己的翻译。

其次，在使用NMT工具时应当考虑语言的修辞与文化因素，对NMT输出的翻译进行润色和调整，使翻译更符合目标语言的表达习惯和文化背景。这意味着学生需要考虑译文的地道性、流畅性以及是否符合特定文化的习惯和礼仪，从而确保翻译更加贴近原文的意思和风格。

最后，接受反馈与不断调整是提高翻译质量的有效途径之一。可以收集他人的反馈，包括同学和教师的意见，对NMT翻译结果中的问题部分进行调整。通过他人的审视和建议，学生能够发现自己翻译中的不足之处，并加以改进，从而不断提高翻译的准确性和流畅度。

3.教师如何引导学生正确使用NMT进行学习

在引导学生正确使用NMT进行学习时，教师可以采取一系列策略，以确保学生能够充分理解NMT的作用、正确运用工具并在实践中获得有效的学习体验。

首先，教师应解释NMT的基本原理和工作机制。通过对NMT技术的解释，教师可以帮助学生理解NMT只是翻译过程中的一个辅助工具，并非可以完全替代人工翻译。这种理解可以避免学生对NMT形成过度依赖，保持他们在翻译过程中的主动性和掌控能力。

其次，教师应该提供具体的使用指南，指导学生高效地利用NMT工具。这包括如何输入文本、解读翻译结果以及有针对性地提高翻译质量。通过示范和实践，学生能够更快地掌握NMT工具的使用技巧，提高翻译效率和准确度。

再次，教师需要强调语言感知的重要性。学生在使用 NMT 时应保持对目标语言的敏感性，注重语法、词汇和语境的正确运用。教师可以通过案例分析和实际练习，引导学生注意翻译结果的语言细节，培养他们对语言差异的敏感性和理解能力。

最后，教师可以组织实践活动来巩固学生的学习成果。例如，组织翻译比赛、小组项目等实践活动，让学生在真实场景中运用 NMT 工具进行翻译，体验工具的实际应用价值。通过实践活动，学生不仅可以加深对 NMT 技术的理解，还能够提升实际操作能力和解决问题的能力。

4.NMT 的局限性

尽管神经机器翻译（NMT）在翻译准确性和效率方面取得了显著进展，但它仍然难以完全代替人类翻译，特别是在涉及语言中的美感和情感表达时。

首先，语言中的美感是复杂而主观的，涉及文学、修辞和文化等多个层面。神经机器翻译在处理这些方面时可能会受到限制，因为它难以理解文学的艺术性和特定文化的背景。一些具有诗意或富有情感色彩的表达可能需要人类翻译者的敏感性和创造性，这是机器难以模拟的。

其次，情感表达在语言翻译中占有重要地位，而人类翻译者能够更好地理解和传达文本中的情感色彩。语境、语气和情感的细微差别在翻译中至关重要，而这些差别通常依赖于独特的文化和语言背景，这是机器难以全面把握的。

最后，人类翻译者还能够更好地处理一些特殊的语境和含蓄的表达，因为他们能够运用丰富的知识和经验来解读文本。有时候，翻译并不仅是简单的语言转换，还需要深刻理解并传达作者原本的意图和情感。

总体来说，尽管 NMT 在实现准确翻译方面取得了很大的进展，但在处理语言中的美感和情感时，仍然需要人类翻译者的人文理解、文学鉴赏力以及丰富的文化背景知识。神经机器翻译和人类翻译在不同的领域和情境中都有其独特的优势和局限性。

（四）常见的 NMT 平台

1.Google 翻译（Google Translate）

Google 翻译是由谷歌公司提供的在线翻译服务，采用了神经机器翻译技术。它支持多种语言对之间的翻译，并在全球范围内广泛使用。Google 翻译不仅能够进行基础的文本翻译，还支持语音翻译和图像翻译，为用户提供了多样化的翻译体验。

2.Microsoft 翻译（Microsoft Translator）

Microsoft 翻译是由微软公司提供的翻译服务平台，也使用了神经机器翻译技术。它支持大量的语言对，并提供了多种应用场景的翻译服务，包括文本、语音、图像等。Microsoft 翻译在微软生态系统中得到广泛应用，为用户提供了多元化的跨语言沟通工具。

3.百度翻译（Baidu Translate）

百度翻译是中国百度公司提供的在线翻译服务，同样采用了神经机器翻译技术。该平台支持多种语言的互译，具有较高的准确性和流畅度。百度翻译也提供了语音翻译、图片翻译等功能，为用户提供了便捷的跨语言交流工具。

这三个平台都是常见的 NMT 服务提供者，它们基于神经机器翻译技术，通过大规模数据训练的深度学习模型，提供了高质量的翻译服务。这些平台使用简便，适用于各种翻译需求，并在全球范围内得到了广泛应用。值得注意的是，这里列举的平台仅为示例，市场上还存在其他 NMT 平台和工具，教师在利用人工智能翻译平台进行英语翻译教学时可以根据具体需求选择适合自己的平台。

第五章　人工智能时代的高职英语教师的信息素养发展

第一节　高职英语教师在人工智能时代的定位

一、高职英语教师的基本角色

（一）知识的传授者

高职英语教师在教学中扮演着多重角色，其中第一项基本角色是知识的传授者。这一职责涵盖了广泛的教学活动，包括但不限于课堂讲授、教材解读和学科知识的深入传授。

首先，高职英语教师作为知识的传授者需要具备扎实的专业知识。他们应当熟悉英语语言的各个方面，包括语法、词汇、听说读写等，同时要了解相关的文学、文化和社会背景知识。通过自身对知识的深刻理解，教师能够更好地向学生传递准确、全面的信息。

其次，高职英语教师需要运用有效的教学方法，以确保知识的传递能够达到预期的效果。这可能涉及灵活运用多种教学资源，包括教材、多媒体工具、互动式教学等。通过活泼的教学方式，教师能够引起学生的兴趣，增强他们对知识的接受和理解。

最后，知识的传授者角色还要求高职英语教师具备良好的沟通能力。他们需要清晰地表达复杂的英语知识，同时能够倾听学生的疑问和反馈。通过与学生的有效沟通，教师能够更好地了解学生的学习需求，有针对性地进行知识的传递和讲解。

（二）语言技能的培训者

在学习英语语言的过程中，学生需要逐步掌握语言知识，并在此基础上培养听、说、读、写、译五项语言技能，以提高和发展他们的语言运用能力。

通常，英语语言发展的规律是听、说位于首要位置，而读、写、译则次之。然而，从外语教育的角度来看，读、写、译更为重要，而听、说能力则为提升学生读、写、译能力的前提和基础。因此，高职英语教学中，教师不仅要注重培养学生的听、说能力，还要着重提升他们的读、写、译能力，以使学生能够全面掌握英语语言技能。

（三）语言训练的合作者

除了是知识传授者和语言技能培训者，教师还扮演着英语语言训练的合作者的角色。这意味着教师不仅是布置任务给学生，而且要积极参与学生的学习活动，适时引导学生，让他们在教师的帮助下更加得心应手地完成学习任务。通过这种合作，学生不仅能够学到知识，完成任务，也提升了教师的教学效果。因此，教师在英语教学中既是引导者也是合作者，师生共同努力以达到更好的学习效果。

（四）课堂活动的组织者

高职英语教师的第四项基本角色是课堂活动的组织者。这一角色的职责要求教师在教学过程中设计和组织各种有效的课堂活动，以激发学生的学习兴趣、提高他们的参与度，并促使他们更好地理解和掌握英语知识与技能。

首先，教师需要根据课程内容和学生的水平设计具有针对性的课堂活动。这可能包括小组讨论、角色扮演、游戏、案例分析等形式，以确保活动与学习目标相契合。通过巧妙设计的活动，教师可以激发学生的学习兴趣，使他们更主动地参与学习过程。

其次，教师在组织课堂活动时应注重多样性和互动性。多样性可以通过引入不同类型的活动，如视听材料的使用、实地考察、互动演练等方式来实现。互动性则促使学生积极参与，例如通过提问、讨论和合作完成任务等方式，增强学生的学习体验。

最后，教师还应考虑课堂活动的时长和节奏，确保既有足够时间让学生深入参与，又不至于过于冗长而失去效果。灵活运用不同类型的活动，有助于保持学生的专注度，提高教学效果。

（五）教学成果的评价者

高职英语教师是教学成果的评价者。这一角色的职责涉及对学生学习表现的评估，以反映他们对英语知识和技能的掌握程度，并为进一步教学提供有针对性的反馈和改进建议。

教师需要设计合理有效的评价方式，以全面测量学生在听、说、读、写、译等方面的语言技能。这可能包括定期的测验、作业、口头表达、写作任务等形式。通过多元化的评价方式，教师能够更全面地了解学生的学习情况。

评价者的角色要求教师具备公正、客观的态度，确保评价过程的公正性。避免主观偏见，注重学生的实际表现，同时考虑到个体差异，以公平的方式评估每位学生的学习成果。

教师还应该及时提供反馈，让学生了解他们的优势和不足之处。通过详细的评价和建议，学生能够更清晰地了解自己的学习状况，并有针对性地进行改进。这也有助于建立积极的学习态度和自我调节能力。

另外，评价者的角色还包括与学生进行沟通，解释评价标准和成绩，促使他们对自己的学习有更深刻的认识。通过交流，教师能够与学生建立更好的师生关系，激发学生对英语学习的兴趣和动力。

（六）实践教学的指导者

高职英语教师是实践教学的指导者。如前所述，由于高职英语教学的特色，高职英语教师需要将学生引导至实际应用英语知识和技能的场景，促使他们能够在实践中灵活运用所学内容。

首先，教师需要设计和组织与实际场景相关的实践教学活动。这可能包括模拟情境、实地考察、实习实践等形式，以帮助学生将理论知识与实际问题相结合。通过实践教学，学生能够更深入地理解和掌握英语在实际应用中的用途。

其次，实践教学的指导者要注重学生的参与度和自主性。教师可以引导学生选择具体的实践项目，让他们在实践中发挥主动性，培养解决问题的能力。这有助于激发学生的学习兴趣，提高他们在实践中的积极性。

再次，教师还应该关注实践教学的反馈机制。通过及时的反馈，教师可以指导学生在实践中发现并解决问题，促使他们在不断尝试和实践中取得进步。建立有效的反馈机制有助于实现实践教学的有效性和可持续性。

最后，实践教学的指导者需要与实际工作场景和行业保持密切联系。了解行业需求和发展趋势，将这些信息融入教学设计中，以确保学生在实践中获得的知识和技能符合实际应用。

二、人工智能技术对教师工作的影响

（一）积极的方面

1. 提高教学效率

人工智能技术对英语教师工作的影响有积极的方面，其中之一是显著提高教学效率。随着网络时代和信息技术的不断发展，教师可以利用人工智能技术获得更多的教学资源，从而更高效地组织和展开教学活动。

首先，人工智能技术通过智能算法和大数据分析，能够深度处理和加工海量的英语知识，为教师提供有针对性的教学内容选择。教师可以根据学生的学科水平、学习兴趣和个体差异，借助人工智能系统，精准地挑选合适的教材和教学资源，提高教学的针对性和有效性。

其次，人工智能技术在评估学生学习情况方面发挥关键作用。通过分析学生在课堂上的表现和参与度，人工智能系统可以为教师提供关于每个学生学习水平、理解程度和强弱项的准确信息。教师可以根据这些数据制订个性化的教学计划，更好地满足学生的学习需求，提高教学效率。

另外，人工智能技术能够自动化和简化一些教学管理工作，例如考试评分、学生作业的批改等。这样，教师可以节省时间和精力，将更多的关注点放在与学生的互动和教学设计上，提高整体的教学效率。

总的来说，人工智能技术的积极方面在于提高教师的教学效率，使其更好地应对碎片化、无序化的知识，更精准地了解学生的学习情况，从而更有效地进行教学设计和指导。

2. 实现个性化教学

通过智能化的数据分析和算法，人工智能系统能够更精准地了解每个学生的学习风格、强项和弱项，从而为教师提供支持，使教学更加个性化。

首先，人工智能技术能够根据学生的学科水平和兴趣推荐个性化的学习内容。通过分析学生的学习历史和表现，智能系统可以为每个学生定制适合他们水平的教材和活动，从而激发学生的学习兴趣，提高学习的主动性。

其次，人工智能技术可以提供个性化的学习路径和进度。不同学生在学习英语方面有不同的速度和需求，智能系统可以根据每个学生的学习情况调整教学进度，确保学生在掌握基础知识的同时，有足够的时间深入学习和应用。

此外，人工智能系统还能够为学生提供实时的个性化反馈。通过监测学生在学习过程中的表现，系统可以及时识别并纠正学生的错误，同时为学生提供鼓励和指导。这种个性化的反馈有助于学生更好地理解自己的学习需求，加强学习动力。

总体而言，人工智能技术通过提供个性化的学习内容、路径和反馈，实现更加精准和有针对性的教学。这有助于尊重学生个体差异，提高教学的针对性和适应性，使每个学生都能够在自己的学习步调下取得更好的学习效果。

3.通过虚拟现实技术和增强现实技术加强学习体验

人工智能技术通过虚拟现实（VR）技术和增强现实（AR）技术加强学习体验。这些技术的运用能够为学生提供更丰富、更沉浸的学习环境，促使他们更主动、更深入地参与学习过程。

虚拟现实技术和增强现实技术可以创造出模拟的学习场景。通过虚拟现实技术，学生可以沉浸在虚拟的英语语境中，如模拟英语国家的生活场景、商务对话、文化体验等，使学习更加真实和有趣。增强现实技术则能够将虚拟元素叠加在真实世界中，为学生提供更直观的学习体验。虚拟现实技术和增强现实技术可以提供互动性学习体验。学生可以通过这些技术参与虚拟实验、模拟实际应用场景，从而更好地理解和应用英语知识。这种互动性不仅增强了学习的趣味性，也激发了学生的学习兴趣和动力。虚拟现实技术和增强现实技术还可以个性化定制学习内容。根据学生的学科水平、学习风格和兴趣，系统可以提供个性化的虚拟学习体验，使学生能够在符合自己需求的环境中更好地学习。

（二）消极的方面

1. 对师生关系的影响

人工智能技术在教育领域对师生关系的影响呈现两种极端的情况。一方面是教师对学生的高度掌控。通过人工智能技术的信息采集和分析，教师可以迅速了解学生的学习情况，从而实现高度精密化的控制。然而，这种情况可能导致学生失去自主学习的能力和动力，因为教师过于注重对学生行为的干预，而忽略了培养学生的自主思考能力和学习动机。

另一方面，人工智能技术的另一种影响是学生相对独立，忽略了教师的情感作用。通过技术的帮助，学生可以更加独立地进行学习，根据个体需求和兴趣进行学科内容的学习。然而，这可能使学生失去了与教师的互动，缺乏教师的情感引导和人文关怀。教育不仅是知识传递，还包括情感培养和个性发展。

为应对这些挑战，应在人工智能技术的应用中找到平衡点。教师在引导学生时应注重平衡学生的自主学习与教师引导，通过数据支持更有针对性地指导学生，而不是完全取代学生的自主学习。同时，注重情感教育，保持教师与学生之间的情感互动，提供人文关怀和情感引导。倡导合作学习，使学生在学习中既能感受到教师的支持和指导，又能够保持一定的自主性。综合而言，在教育中应用人工智能技术需要谨慎平衡教师和学生之间的关系，以确保学生既能够受益于技术的支持，又能够保持与教师的良好互动，获得全面的教育。

2. 对学生发展的限制

在个性化学习服务中，人工智能技术的主要目标是提高学生的学习效率，并通过智能化的方式满足其学科需求。然而，这种个性化并不总是充分关注学生的发展需求，而更侧重于根据学生已经掌握的内容进行资源难易度的平衡调整，以确保学习效率的提升。

首先，人工智能技术通过分析学生的学习历史、表现和偏好，筛选不同的学习资源，以满足学生的学科需求。这种个性化的服务有助于提供更符合学生水平和兴趣的学习材料，从而增强学生对学科知识的理解和掌握。

然而，其中一个挑战是，这种个性化服务可能更注重当前学生已经掌握的内容，而较少关注学生的发展需求和进步程度。人工智能技术在调整资源难易度时，可能更多地考虑当前学科知识的平衡，而忽视了学生在学科发展中的个体差异和成长轨迹。

这种情况可能导致人工智能技术在学科发展方向上显得相对单一。学生的既往表现和进步程度可能未被充分纳入考虑，从而可能会限制对学生个体差异的理解和支持。在个性化学习的过程中，更全面地考虑学生的整体发展需求，包括情感、认知和社交方面的因素，是实现真正个性化、全面发展的关键。

3. 唯数据论

"唯数据论"是指过分强调依赖数据和技术，将数据视为唯一决定教学、学习和评价的标准，忽视了其他教育要素的观点。这种观点认为，通过大数据和人工智能技术的分析，可以准确地了解学生的学习状况，为个性化教育提供支持。然而，唯数据论也存在一些潜在的问题和争议。

（1）忽视非量化因素

过度依赖数据可能导致忽视学生的非量化因素，如情感、创造力、人际关系等。教育不仅是关于知识的传递，还涉及学生的全面发展，而这些方面很难通过纯粹的数据来衡量。

（2）标准化和趋同风险

数据驱动的教育可能产生标准化的教学方法，使教育变得过于一致，从而忽略不同学生之间的个体差异。这可能导致学生的学习经历变得相似，而不是因应其独特的需求和潜力。

（3）隐私和伦理问题

数据的收集和分析涉及学生个人信息的隐私。过度的数据采集和使用可能引发隐私泄露和滥用的风险，需要谨慎处理，以确保学生的权益得到保护。

（4）教育变为技术中介

过分信任依赖数据和技术可能导致教育变为技术的中介，减少了教师在学生教育中的角色。教育应该是师生之间的互动和情感交流，而不仅仅是技术的应用。

三、人工智能时代高职英语教师新角色

（一）终身学习者

随着科技的迅速发展和知识的不断更新，教育领域也面临着新的挑战和机

遇。高职英语教师需要不断提升自己的专业知识和教学技能，以更好地适应变化的教育环境，并为学生提供更优质的教学服务。作为终身学习者，高职英语教师应该具备以下能力。

1. 持续更新学科知识

人工智能技术的发展带来了新的教学方法和资源，高职英语教师需要不断了解和学习这些新技术，以更好地将它们整合到教学实践中。同时，随着英语语言和文学领域的扩展，教师也需要不断追踪学科知识的更新，保持对最新发展的敏感性。

2. 熟练运用教育技术工具

终身学习的一部分是熟练掌握和运用新的教育技术工具。高职英语教师应该了解和使用各种在线学习平台、虚拟现实技术、智能辅助教学工具等，以提高教学效果，吸引学生的兴趣。

3. 参与专业社群和研究

作为终身学习者的教师应该积极参与专业社群、学术研讨会和研究项目，与同行进行交流和合作。通过分享经验、探讨教学方法和参与研究，教师可以不断提高自己的专业水平，并在学科领域取得更多的成就。

4. 培养学生终身学习的意识

高职英语教师还应该在教学中培养学生终身学习的意识。教师可以通过激发学生的学科兴趣、鼓励他们主动探究知识、引导他们使用各种学习资源等方式，帮助学生养成终身学习的习惯。

（二）教学的设计者

随着技术的进步和教育理念的变革，教师不仅是知识的传授者，更应该成为教学设计的重要参与者和引导者。作为教学的设计者，高职英语教师需要具备以下特点和能力。

1. 设计个性化教学方案

教师应该能够根据学生的个体差异和学科发展需求，设计个性化的教学方案。人工智能技术提供了个性化教学的可能性，教师可以利用数据分析和智能化工具，为学生量身定制符合其学习风格和水平的教育体验。

2. 整合创新教育技术

教师需要了解并善于运用创新的教育技术，如虚拟现实技术、人工智能辅助教学技术等，以提升教学效果。通过巧妙整合这些技术，教师可以设计更具吸引力和互动性的教学活动，激发学生的学习兴趣。

3. 跨学科整合

教学的设计者应该能够跨学科整合不同领域的知识和技能，使教学更具综合性和实际应用性。通过将英语教学与其他学科相融合，教师可以帮助学生更好地理解知识的关联性，培养跨学科思维能力。

4. 反思和调整

教师需要持续反思自己的教学设计，关注学生的反馈和表现，及时调整教学策略。通过不断优化教学设计，教师可以提高教学的适应性和灵活性，更好地满足学生的学习需求。

5. 鼓励合作学习

教学的设计者应该倡导和鼓励学生之间的合作学习。通过设计合作性的教学活动，教师可以培养学生的团队合作、沟通和解决问题的能力，使其更好地适应未来的职业环境。

作为教学的设计者，高职英语教师在教育中扮演了更为主动和具有创造性的角色，通过精心设计教学活动，为学生提供更富挑战性和更有意义的学习体验。这也符合人工智能时代对教育的新需求，强调培养学生的创新能力、问题解决能力和综合素养。

（三）学习资源的选择者

在人工智能时代，高职英语教师的新角色之一是学习资源的选择者。这意味着教师需要具备深入了解和熟悉各种多样化的学习资源的能力。这些资源包括但不限于在线教材、数字图书馆、开放教育资源和教育应用程序等。通过熟悉这些多元化的学习资源，教师能够更好地满足不同学生的学习需求，提供更灵活、多样化的教学体验。

一位优秀的学习资源选择者应该具备对不同资源的全面了解，包括对资源的内容、质量、适用场景等方面的评估能力。教师需要深入研究和评估各类在线教材的教学设计，数字图书馆的资源质量，以及开放教育资源的可靠性。这种全面的了解能够帮助教师在教学过程中有针对性地选择和应用适合学生水平和需求的学习资源。

此外，个性化匹配学习资源也是学习资源选择者的一项重要任务。教师需要根据学生的学科水平、兴趣爱好和学习风格，有选择地为每个学生提供合适的资源。人工智能技术的支持可以使个性化匹配更为精准，通过分析学生的学习行为，为其推荐最符合个体需求的学习资源，提高学习效率。

综合而言，成为学习资源的选择者使教师能够更好地适应人工智能时代的教学环境，为学生提供更富有深度和个性化的学习经验。这一新角色凸显了教师在教育中的关键作用，教师需要不断发展自身的技能，以更好地引导学生面对未来的学习挑战。

（四）学习过程的监控者

在人工智能时代，高职英语教师扮演着学习过程的监控者这一重要角色。这一角色要求教师能够灵活运用先进的学习分析工具和技术，全面了解学生在学习中的表现、进度和需求。通过监控学生的学习过程，教师能够提供更为个性化的指导和支持，实现更有效的教学。

教师的首要任务是利用学习分析工具，实时监控学生的学习行为和表现。这包括跟踪学生在在线学习平台上的活动、评估他们对教材的理解程度，以及分析他们的学习模式和进度。通过这些数据，教师能够深入了解每个学生的学习状况，及时发现可能存在的问题，并采取有针对性的措施。

基于对学习过程的监控，教师可以提供个性化的反馈和辅导。了解学生的学科水平和学习风格，教师能够为每位学生量身定制建议，帮助他们克服学习困难，巩固已学知识，实现更好的学业表现。这种个性化的关怀和指导有助于激发学生的学习兴趣，增强自信心。

此外，监控学习过程也促进了学生的自主学习和反思。通过定期的学习反馈，学生可以更清晰地了解自己的学习进展和不足之处。教师可以引导学生进行自我评价，鼓励他们制订学习计划，培养自主学习的能力。这种积极的学习反馈循环有助于学生建立起对学习过程的深刻认识，提高学习效率。

第二节 高职英语教师信息素养原则

一、信息素养的概念与内涵

（一）信息素养的定义

信息素养，作为一个广泛而深刻的概念，承载了人们在信息时代需具备的一系列综合能力。素养本身是一个涉及知识、技能、态度等多方面的概念，指的是个体在某一领域内的全面表现。而信息素养则是在信息领域中对知识、技能、态度等方面的要求和表现。

首先，从一般的素养角度来看，它包括了知识、技能、情感态度等多个方面。在信息素养中，知识包括了对信息的了解、理解，以及对信息背后的概念、原理的把握。技能则体现在获取、评估、处理、传递信息的能力，以及对信息技术的灵活应用。在情感态度方面，则强调个体对信息的敏感性、责任感以及批判性思维，使其能够在信息时代中更加理性地面对各种信息。

信息素养的定义在不同领域和学科中可能有所不同，但通常都强调了对信息的全面认知和利用。专家对信息素养的定义往往更为深刻，他们将其视为适应信息社会发展的重要素质。根据美国图书馆协会（American Library Association）的定义，信息素养是指个体在获取、评估、组织、创造和分享信息方面的能力。这一定义强调了信息素养的多维性，信息素养不仅是获取信息的技能，更包括了对信息的评估、组织和创造的能力。

在这一定义中，个体需要具备获取信息的技能，即能够利用各种信息资源获取所需信息。同时，对信息的评估能力也至关重要，个体需要具备判断信息可信度、适用性的能力，以便更好地应用信息。组织信息则强调了在信息过载的环境中，个体需要有效地组织和管理获取到的信息。创造信息的能力则是信息素养的高级表现，它要求个体能够通过整合、创新，产生新的信息内容。

信息素养的重要性在于其能够使个体更好地适应信息社会的要求。在当今信息爆炸的时代，信息素养不仅是一种学科技能，更是对个体思维方式和社会互动方式的影响。只有具备信息素养，个体才能够更好地理解和参与社会生活，更有能力解决复杂的问题。

总体而言，信息素养的概念和内涵是多层次、多维度的，涵盖了知识、技能和态度等多个方面。在专家的定义中，信息素养被赋予更为深刻的内涵，强调了个体在信息社会中全面发展的能力。对于个体而言，培养和提升信息素养已经成为适应时代要求、实现个人发展的关键一环。

（二）信息素养的核心要素

信息素养的核心要素涵盖了多个层面，这些要素不仅反映了在信息时代个体所需具备的能力，也是适应信息社会发展的关键因素。通过深入理解这些核心要素，可以更好地把握信息素养的实质。

1. 信息获取能力

包括对各种信息来源的熟练利用，不仅要能够使用图书馆、文献，还需要熟悉网络检索、数据库查询等现代信息获取途径。个体需要具备对信息源的敏感性，能够主动获取与自身需求相关的信息。这一要素的重要性在于，信息获取是信息素养的基础，它直接关系到个体是否能够获取所需的信息资源。

2. 信息评估能力

在信息时代，信息泛滥且复杂，因此，个体需要具备判断信息可信度、适用性的能力。这需要对信息进行全面的分析和评估，考虑信息的来源、权威性、时效性等方面。信息评估能力的培养有助于个体更好地辨别信息的真伪，提高信息利用的效率，防范信息误导。

3. 信息组织能力

在获取大量信息后，个体需要能够有效地组织和管理这些信息，包括对信息的分类、整理，需要具备使用信息管理工具的技能。信息组织能力有助于提高信息的利用效率，使个体更好地应对信息过载的挑战。

4. 信息传递能力

在信息社会中，个体需要清晰、准确地表达自己的观点，同时要善于倾听和理解他人的信息，在书面表达、口头表达等多个方面，需要掌握在不同媒体、平台上传递信息的技能。信息传递能力的培养有助于个体更好地参与社会交流，提升沟通效果。

5.信息创造能力

信息创造能力强调个体不仅要具备获取、评估、传递信息的能力，还需要能够通过整合、创新产生新的信息内容，即需要个体具备结合已有信息，提出新的观点或解决问题的能力。信息创造能力的培养有助于个体更好地适应信息时代的创新要求，促进社会的进步。

6.信息伦理和法律意识

在信息社会中，个体需要遵守信息伦理规范，尊重信息的产权和知识产权。同时，个体需要了解有关信息的法律法规，确保信息的合法获取和使用。信息伦理和法律意识有助于个体在信息活动中保持良好的道德风尚和法制意识。

（三）教师信息素养在高职英语教学中的重要性

在高职英语教学中，教师信息素养是推动教育教学创新和适应信息社会需求的关键因素。随着信息技术的飞速发展，教师信息素养不仅关乎个体教育者自身的专业水平，更关系到学生的学科学习、创新能力培养以及社会适应力的提升。在高职英语教学领域，教师信息素养的重要性主要体现在以下几个方面。

首先，教师信息素养对于提升教学效果至关重要。信息素养涉及教师对信息的获取、评估、整合和应用能力。在高职英语教学中，教师需要紧跟时代发展，善于利用各类信息资源，不断更新教材、教学方法，使教学内容更贴近实际，更符合学生的学科需求和职业发展方向。具备较高的信息素养的教师能够更好地解读学科前沿动态，结合实际案例开展教学，使学生接触到最新的、实用的英语知识，提高他们的学科竞争力。

其次，教师信息素养对于培养学生的信息素养具有示范和引领作用。教育教学是一种示范传递的过程，教师的信息素养水平直接影响到学生的信息素养水平。在高职英语教学中，教师应该成为学生信息素养的引领者，通过在教学中展示信息获取、评估、利用的方法，引导学生形成正确的信息观念和信息利用策略。具备高水平信息素养的教师更容易通过实际操作和案例演练，激发学生对信息的兴趣，培养他们主动获取、分析和运用信息的能力。

最后，教师信息素养对于个性化教学和差异化教学的实施起到关键作用。信息时代注重个性化发展，学生的兴趣、学科需求、学科水平各异，需要教师具备较高的信息素养来满足这些个体化需求。在高职英语教学中，教师应该结合学生的特点，差异化地制订教学计划，选用教学资源，更好地满足学生的学科发展需求。信息素养高的教师可以更灵活地运用各类教学资源，提供多元化的学习选择，促进学生个体的全面发展。

此外，教师信息素养还对课堂管理和学科研究具有积极意义。信息素养高的教师能够更加灵活地利用信息技术手段进行课堂管理，提高教学效率和学生参与度。同时，他们更容易融入学科研究的前沿，通过信息检索、文献综述等方式，不断提升自身的学科水平，推动高职英语教学的深入发展。

二、高职英语教师信息素养水平现状

关注高职英语教师信息素养水平的现状，对于全面提升高职英语教学质量和适应时代发展需求具有重要意义。为了全面了解高职英语教师的信息素养水平现状，进行评估显得尤为必要，其评估要点如表5-2-1所示。

表5-2-1 高职英语教师信息素养水平评估要点

维度	测量要点
知识技能	教师在信息检索方面的熟练程度 数据处理技能的掌握程度 多媒体运用能力的水平
信息获取与利用能力	教师对信息获取渠道的了解和使用 评估教师对信息的筛选、分析和利用能力
创新能力	教师在教学设计中是否具备创新思维 教师是否能够灵活运用信息技术进行教学创新
信息伦理和法规	教师对信息伦理的认知程度 教师是否遵守相关法规和规定
信息技术应用	教师在教学中是否善于利用多媒体、在线资源、互联网等信息技术手段进行教学设计和展示

通过问卷调查、面访、观察课堂教学等方式，可以收集教师在信息检索、数据处理、多媒体运用等方面的技能水平，了解他们对于信息的获取、评估和

利用能力，以及在课堂中是否能够创新运用信息技术进行教学。

当前，高职英语教师的信息素养水平呈现一定的差异性。一方面，部分教师具有较高的信息素养，他们积极学习信息技术，善于运用多媒体手段进行教学设计，关注学科前沿动态，不断提升自己的信息获取和利用能力。这部分教师能够灵活运用各类信息资源，为学生提供多样化的学习体验，促使学生更好地适应信息社会的学科需求。

另一方面，也存在一些教师信息素养较弱。可能是由于年龄、学科专业等原因，对于他们来说，运用信息技术和接受新兴教育理念存在一定的难度。这部分教师可能在传统的教学环境中得心应手，但在信息化教学环境下存在一定的适应困难。

整体来看，信息素养水平的现状呈现出多样性和不平衡性。这也与我国高职教育领域的发展现状相符，部分高职院校在信息技术设备和培训方面投入较多，而另一些学校则相对滞后。这种不平衡状态也直接影响到了高职英语教师信息素养水平的发展。

在评估和调研过程中，还需要关注教师信息素养水平存在的问题和面临的挑战。目前存在以下几个方面的问题。

（1）不同层次的教师信息素养水平差异大：部分教师在信息素养方面表现优秀，而另一些教师则存在差异，这可能导致在教学中形成不同层次的教学水平，影响整体教学效果。

（2）信息技术应用不够广泛：有些教师对于信息技术的应用尚未达到理想水平，可能存在对新技术的陌生感和使用难度，需要进一步培训和支持。

（3）信息伦理观念不足：部分教师可能存在信息伦理方面的认知不足，对于信息安全、隐私保护等方面的意识相对较低，需要加强相关培训和宣传。

（4）教师个体发展需求差异：不同教师的专业背景、个体发展需求存在差异，需要有针对性地设计信息素养培训计划，满足不同教师的需求。

在面对这些问题和挑战的同时，也需要看到高职英语教师信息素养水平的提升是一个渐进的过程，需要学校、教育管理者和教师共同努力，通过持续的培训和支持，逐步提高整体水平，推动高职英语教育走向更好的发展。

三、高职英语教师信息素养培养的原则与策略

（一）制定全面的信息素养培养目标

制定全面的信息素养培养目标是高职英语教师信息素养培养的关键一环。信息素养的全面性包括多个层面，如知识、技能、态度等，旨在确保教师能够在信息时代背景下胜任各种任务，应对不同的教学需求。以下是关于高职英语教师信息素养培养目标的详细阐述。

1. 知识层面

在知识层面，高职英语教师应具备以下三个方面的信息素养。

（1）信息技术知识：掌握先进的信息技术，包括但不限于计算机应用技术、多媒体技术、网络技术等，以便更好地应用于英语教学中。

（2）英语学科知识：深入了解英语学科的教学内容、教学方法，确保能够有针对性地运用信息技术进行教学设计。

（3）行业相关知识：针对高职英语教学的实际情况，了解相关行业的发展动态、用语、专业术语等，以提升教学的实际效果。

2. 技能层面

在技能层面，高职英语教师应具备以下四个方面的信息素养。

（1）信息检索与处理技能：能够迅速、准确地从各种信息源中检索所需的信息，并进行有效的处理与分析。

（2）多媒体运用技能：熟练运用多媒体技术，能够设计并展示富有创意和吸引力的英语教学课件。

（3）在线资源利用技能：熟悉并善于利用在线资源，包括网络课程、数字图书馆、学术数据库等，为学生提供更广泛的学习资料。

（4）创新能力：具备在教学中创新运用信息技术的能力，能够设计新颖、有趣的教学活动，激发学生学习的兴趣。

3. 态度层面

在态度层面，高职英语教师应具备以下三个方面的信息素养。

（1）积极的学习态度：愿意持续学习，跟踪信息技术领域的最新发展，不断提升自身的信息素养水平。

（2）对创新的开放态度：对新技术、新方法持开放心态，愿意尝试并在实践中总结经验，不断改进教学方式。

（3）注重信息伦理：培养正确的信息伦理观念，保护学生隐私，遵守相关法规，防范信息滥用。

制定全面的信息素养培养目标有助于高职英语教师在信息时代更好地履行其教育使命，提高教学效果，培养学生适应未来社会的信息素养能力。

（二）构建系统的信息素养培养课程体系

为了实现培养目标，构建系统的信息素养培养课程体系是关键之一。这一体系应当覆盖多层次、多领域的培养课程，以确保教师能够形成系统化的知识结构和能力体系。首先，在信息技术基础知识培训方面，教师需要熟悉计算机应用技术、多媒体技术和网络技术等，以提高其在信息检索和利用方面的效率。其次，信息伦理和法规教育环节要强调正确的信息伦理观念和法规遵守，以保障学生信息安全。最后，创新能力的拓展是其关键组成部分，培训教师应具备创新思维和教学设计能力，以更好地应对多样化的教学需求。

构建系统的信息素养培养课程体系还应注重跨学科的培养，使教师能够更好地整合不同学科的信息素养。跨学科合作和案例分析成为实现这一目标的有效手段，通过促进不同学科之间的交流与合作，教师能够形成更为综合的信息素养视角。实践应用与案例研究是培养教师理解和运用信息素养的重要方式，通过具体的实例和真实案例，教师能够更好地应对实际的教学场景。

综合而言，制定全面的信息素养培养目标是为了确保教师在信息时代背景下能够全面发展。而构建系统的信息素养培养课程体系则是实现这一目标的有力工具，覆盖了信息技术基础知识、信息伦理和法规教育、创新能力拓展、跨学科培养以及实践应用与案例研究等多个方面。通过这一体系的建设，高职英语教师能够更好地适应信息时代的教育需求，提升自身的信息素养水平。

（三）强化实际教学中的信息技术应用

信息素养的培养不仅体现在理论层面，更要在实际教学中得以体现，为此，教师需要积极运用现代技术手段，创新教学方式，以提高学生在英语学习中的信息素养水平。

首先，教师应被鼓励并提供支持，以创新的方式整合信息技术到教学设计中。现代信息技术包括计算机、互联网、多媒体等，为教学提供了更广阔的可能性。通过在课堂上运用多媒体展示、在线资源调查等方式，教师能够激发学生的学习兴趣，提高他们对英语学习的主动参与度。同时，教师也能通过这些技术手段更生动地呈现教学内容，使知识更易于被学生理解和接受。

其次，教师需要将信息技术应用于教学实践中，使学生能够更好地利用现代技术手段。例如，通过在线学习平台、虚拟实验室等，教师可以为学生创造更为便捷的学习环境，使他们能够灵活地获取学习资源，提高英语水平。同时，教师还可以引导学生使用各类英语学习APP、在线语言交流平台，促进学生在实际语境中运用英语，增强他们的语言实际应用能力。

（四）鼓励教师参与信息技术培训与交流

通过定期组织培训、邀请信息技术领域的专业人士举办讲座，以及举办教师间的信息技术经验交流会，可以有效地促使教师不断更新知识、分享经验，从而提高信息技术应用水平。

首先，定期组织培训是鼓励教师参与信息技术学习的重要方式。这包括面向教师的线上和线下培训课程，涵盖信息技术的最新发展、教育应用案例、教学设计等方面的内容。培训内容要紧密结合高职英语教学实际，使教师能够更好地将学到的知识应用到教学中。此外，培训还可以提供实际操作的机会，让教师亲自体验和掌握信息技术工具的使用方法。

其次，邀请信息技术领域的专业人士举办讲座是培养教师信息素养的有效途径。专业人士能够分享前沿的技术知识、经验心得，为教师提供更深入的学习体验。这样的讲座可以涵盖信息技术的各个方面，包括但不限于教学应用、教育科技趋势、教育互联网等内容，使教师能够更好地了解和把握信息技术在教育领域的最新发展。

同时，举办教师间的信息技术经验交流会有助于构建一个共享学习资源的平台。在这样的交流会上，教师们可以分享自己在信息技术应用方面的实践经验，讨论解决问题的方法，互相启发和借鉴。这不仅有助于建立教师之间的合作与交流机制，还能够加强团队协作，推动整个学校信息技术水平的提升。

（五）建立信息素养评估机制

建立信息素养评估机制旨在保证培养效果，通过定期的评估来了解教师在信息素养方面的成长和不足之处，为后续培训和改进提供科学依据。信息素养评估机制的设计应全面、多层次，并覆盖各个方面，以确保培养的全面性和有效性。

首先，信息素养评估机制应包括知识技能的考核。这涉及教师在信息技术方面的基础知识和操作技能。通过定期的考试或测试，可以客观地评估教师是否掌握了必要的信息技术知识，以及能否熟练运用这些知识进行实际操作。这有助于确保培养计划的知识传递和学习效果。

其次，信息素养评估机制还应包括实际应用能力的测评。信息素养不仅仅是理论知识的积累，更要求在实际教学中能够有效应用。因此，通过观察课堂教学、教学设计展示等方式，对教师在实际教学中的信息技术应用能力进行评估。这可以通过评价教学设计的创新性、多媒体运用的巧妙性等方面来进行，以确保教师在实际操作中能够灵活运用所学知识。

另外，信息素养评估机制应注重教学效果的评价。培养信息素养最终目的是提高教学质量，因此信息素养评估机制需要关注教师在信息素养培养后的实际教学效果。信息素养评估机制可以通过学生评价、学科竞赛成绩、教学反馈等多种方式，全面了解教师的教学效果，并及时调整培养计划，以提高培养的实际效果。

（六）结合实际情况制订个性化的培养计划

由于教师之间的信息素养水平存在差异，因此了解其实际情况，并根据其具体需求和发展方向，制订相应的培养计划，能够更好地满足个体差异，提高培养的针对性和有效性。

首先，了解教师的现有信息素养水平是制订个性化培养计划的第一步。通过问卷调查、面访、观察课堂教学等方式，收集教师在信息技术知识、教学设计、在线资源应用等方面的水平。这有助于全面了解每位教师的特点和需求，为后续培养计划的制订提供数据支持。

其次，根据教师的具体需求和发展方向，制订相应的培养计划。不同教师在信息素养方面的需求各异，有些可能需要加强基础知识培训，有些可能偏向于教学实践中的应用能力的提高，还有些可能更注重信息伦理和法规的学习。因此，培养计划应该具有灵活性，能够根据个体差异进行调整，使之更符合每位教师的实际情况。

在制订培养计划的过程中,应该注重教师的参与和反馈。与教师进行充分的沟通,听取他们的意见和建议,使培养计划更具合理性和可行性。培训过程中还应鼓励教师提出问题,及时解决疑惑,促使其更好地理解和掌握所学内容。

以上原则与策略的综合应用,可以推动高职英语教师信息素养的培养工作,使教师在信息时代背景下更好地履行教育使命,为学生提供更优质的英语教学服务。

第三节 人工智能时代高职英语教师发展路径

在面对人工智能的冲击时,教师需要培养危机意识和变革意识,思考如何发展那些人工智能无法胜任而人类擅长的能力。同时,应考虑如何提高教师这个角色的不可替代性,降低教师工作中的重复性和标准化,以及未来需要培养怎样的人才。这将是探索人工智能时代高职英语教师发展路径的关键问题。

一、强化对人工智能的认知

(一)了解当前主流人工智能技术及工具

在迎接人工智能时代的挑战中,教师首要任务之一是加强对人工智能的认知。这包括深入了解当前主流的人工智能技术及工具,以便更好地融入这一发展潮流并更有针对性地引导学生。

首先,了解当前主流人工智能技术对教师而言至关重要。深度学习、机器学习、自然语言处理等技术已经在各个领域展现了强大的应用潜力。教师需要对这些技术的基本原理、工作机制以及在不同领域的应用场景有清晰的认识。通过学习相关知识,教师可以更好地理解人工智能在英语教学中的潜在价值。

其次,熟悉当前主流的人工智能工具是提高教师认知水平的重要步骤。这可能包括但不限于智能教学设计工具、虚拟实验和模拟软件、在线学习平台等。教师需要了解这些工具的使用方法以及它们如何支持和丰富教学活动。通过亲身体验，教师可以更好地将这些工具融入自己的教学实践，提高教学效果。

（二）树立人工智能辅助教学的观念

在迎接人工智能时代的挑战时，教师应积极树立人工智能辅助教学的观念，将人工智能视为教学的有益补充和提升手段。这一观念的确立对于更好地发挥人工智能技术在教育中的作用至关重要。

首先，教师应认识到人工智能并不是要取代教师的工具，而是一种能够辅助和增强教学效果的技术。理解人工智能的目标是提供更多可能性，而非取代教育者的角色，有助于建立积极的教学态度。这意味着教师需要从积极的角度看待人工智能，将其视为与教学相辅相成的工具，而不是对教师职业的替代。

其次，树立人工智能辅助教学的观念需要教师主动探索和接纳新技术在教学中的应用。这包括在课堂上尝试整合人工智能技术，积极参与相关培训和研讨会，了解人工智能在英语教学中的最新发展。教师的积极参与和不断学习，有助于更好地适应教育领域中不断更新的技术和方法。

最后，教师需要关注人工智能技术在个性化教学、学习分析和实时反馈方面的优势，并将其融入教学设计中。通过拥抱这些技术，教师能够更好地满足学生个体差异，提高教学的针对性和效果。个性化教学可以更好地满足学生的学习需求，而学习分析和实时反馈则有助于教师更及时地调整教学策略，提升教学效果。

在总体上，树立人工智能辅助教学的观念是教育领域持续发展的重要方向之一。教师的积极态度和主动学习将有助于其更好地利用人工智能技术，提升教育质量，培养适应未来社会需求的学生。

二、培养数字素养与技术能力

（一）熟练使用教育科技工具

在培养数字素养与技术能力方面，高职英语教师熟练使用教育科技工具是至关重要的一环。这不仅要求教师具备基本的数字技术操作能力，还需要深入了解并灵活运用各类教育科技工具。

熟练使用教育科技工具包括对教学软件、在线资源平台以及虚拟实验工具的熟练操作。首先，教师需要能够有效地利用这些工具设计富有创意和互动性的教学内容，提升学生的学习体验。其次，高职英语教师应当具备在线协作与沟通的能力，运用各类数字化平台进行课堂互动、学生作业管理以及与学生的有效沟通。这有助于促进师生之间的情感交流与合作，提升教学效果。此外，教师还应关注新兴的教育科技趋势，包括人工智能、虚拟现实等技术的应用，以保持对数字化教学领域的敏感性和适应性。

总体而言，高职英语教师通过熟练使用教育科技工具，能够更灵活地组织教学活动，提高教学效率，满足学生在数字时代的学习需求。这是培养数字素养与技术能力不可或缺的一个重要环节。

（二）提高教学资源挖掘与整合能力

随着人工智能技术广泛应用于教育领域，高职英语教师需要提高教学资源挖掘与整合能力，以更好地利用人工智能技术提供的先进工具和资源。

教师应了解并善于挖掘人工智能技术在英语教学中的应用途径。例如，基于大数据的智能分析系统可以为教师提供学生练习情况的精准分析，帮助教师了解学生存在的问题并提供个性化的解决建议。同时，模仿真人标准发音的技术可以帮助学生准确练习发音，提高口语表达的准确性。了解这些技术的应用，教师可以更有针对性地引导学生进行英语学习。

教师需要具备整合不同教学资源的能力，包括人工智能批阅系统、同步翻译工具等。例如，人工智能批阅英语作文并提供诊断报告，教师可以根据报告为学生制订个性化的学习计划。同时，同步翻译工具的应用也能够帮助学生更好地理解英语课程内容，提高学习效率。

教师应关注人工智能在创设场景、人机对话、智能评估等方面的应用。通过利用这些技术，教师可以创造更具互动性和趣味性的英语教学场景，激发学生的学习兴趣，提高参与度。

（三）学习数字化教学设计和评估方法

在人工智能时代，高职英语教师需要积极学习数字化教学设计和评估方法，以更好地顺应现代教育技术的发展，提升教学效果。

教师需要熟悉并掌握数字化教学设计的原则和方法。这包括如何有效地利用数字技术工具，设计具有互动性、创新性和个性化的教学内容。教师应该学会整合在线资源、虚拟实验和模拟工具，以提升教学活动的多样性和趣味性。通过数字化教学设计，教师可以更灵活地应对学生的学习需求，创造更富有吸引力的学习环境。

教师需要学习如何利用数字化手段对教学进行评估。通过数字化教学评估，教师可以更准确地了解学生的学习状况，发现问题并及时调整教学策略。了解和应用学习分析工具、在线测评系统等数字化评估技术和系统，可以提高对学生学习过程的洞察力。数字化评估还可以为教师提供及时的反馈，帮助其不断改进教学方法，提高学生的学习效率。

教师还应关注学科知识和数字化教学设计的结合。通过深入了解英语学科的特点和学生的需求，教师能够更有针对性地设计数字化教学内容，提高学科知识与技术的融合水平。这样的融合能够使教学更贴近实际，更符合学科发展的趋势，为学生提供更为全面的学习体验。

三、参与人工智能辅助教学实践

（一）整合人工智能技术于课堂教学

高职英语教师需要积极参与人工智能辅助教学的实践，其中包括有效地整合人工智能技术于课堂教学中。

教师可以探索如何运用语音识别技术和虚拟助教在课堂上进行实时交互。通过语音识别技术，学生可以进行口语练习，系统能够即时给予发音准确性的反馈，提高口语表达水平。虚拟助教则可以用于回答学生提出的问题，解释难点，实现个性化辅导。教师可以利用智能化的学习分析系统来跟踪学生的学习进展。这种系统能够收集和分析学生在课堂和在线学习中的数据，为教师提供更全面的学情反馈。通过了解学生的学习情况，教师可以更有针对性地调整教学策略，满足不同学生的需求。总之，整合人工智能技术于课堂教学是顺应时代发展的关键一步。这种实践不仅有助于提高教学效果，还能够激发学生的学习热情，使英语教学更加生动和具有吸引力。

(二)开展虚拟实验和模拟教学

在人工智能辅助教学实践中,高职英语教师可以通过积极开展虚拟实验和模拟教学,充分利用人工智能技术,为学生提供更为丰富和实际的学习体验。

教师可以借助虚拟实验平台,设计与英语学科相关的虚拟实验项目。这可以包括语音实验、听力实验等,通过模拟真实场景,让学生在虚拟环境中进行实际操作和练习。这种实践有助于巩固学科知识,提高学生的英语实际运用能力。通过虚拟实验,学生可以在安全、可控的环境中进行学科实践,增加他们的学科体验和认知。

模拟教学可以通过虚拟角色扮演、情境模拟等方式实现。教师可以设计与工作场景相关的模拟情境,让学生在虚拟环境中进行语言运用和交流。这种教学方式旨在培养学生在真实生活中运用英语的能力,提高沟通和表达水平。通过模拟教学,学生能够更好地理解和适应英语在实际场景中的运用,增强他们的语言应用能力。

教师还可以利用人工智能技术创建个性化的模拟教学方案,根据学生的学习需求和水平差异进行精准化指导。通过智能化的学习分析,教师可以更好地了解学生的学科素养,为每个学生提供个性化的学习路径和支持。这种个性化的模拟教学不仅能够满足学生的个体差异,还能够更有效地促进他们的学科发展。

总的来说,开展虚拟实验和模拟教学是借助人工智能技术提高英语教学质量的有效途径。这种实践不仅能够激发学生学习的兴趣,还能够培养他们在真实语境中运用英语的实际能力,进一步提升他们的学科素养和综合能力。

四、参与人工智能教育研究与创新

(一)追踪人工智能在教育研究领域的最新进展

高职英语教师应积极参与人工智能教育的研究与创新,其中包括跟踪人工智能在教育研究领域的最新进展,以不断提高教学水平并促进教育创新。

教师需要关注人工智能技术在英语教育领域的最新应用。了解人工智能在语言学习、口语训练、智能辅导等方面的研究成果,有助于教师更好地了解如何运用这些技术优化自己的教学实践。教师可以参与相关研究项目,积极参与人工智能在英语教育中的实际应用和效果评估。通过实地参与研究,教师可以深入了解人工智能技术在实际教学中的应用情况,为自身的教学提供更科学的支持。教师还可以关注人工智能对教育理论和方法的影响,探讨如何将人工智能技术与传统教学方式有机结合,以更好地满足学生的个性化学习需求。

(二)参与人工智能教育项目与合作研究

高职英语教师应主动参与人工智能教育项目与合作研究,以加强教学实践与科研创新的紧密结合,推动人工智能技术在英语教育中的深入应用。

教师可以主动寻找并申请参与与人工智能教育相关的项目。比如,可以积极主动地关注学术期刊、科研网站,以及学术会议的通告和招募信息。许多国家级、地方级的科研项目会通过这些平台发布招募通知,邀请教育领域的专业人士参与。同时,学校内部也可能有相关的科研项目,教师可以向学校的科研机构或相关部门咨询,了解有关人工智能教育的项目信息。教师可以主动参与学术交流和研讨会,寻找潜在的合作伙伴。在这些场合,教育领域的专业人士与计算机科学、教育技术等领域的专家通常都会参与。通过交流意见和观点,教师可以发现与自己研究兴趣相关的专业团队,并建立联系。

另外,教师还可以加入学术研究团体或协会,参与相关研讨会和学术交流活动。通过这些渠道,教师能够与同行进行深入交流,分享教学经验,同时获取更多关于人工智能在英语教育领域的前沿信息。

五、提高高职英语教师专业自主发展的能力

教师的角色不仅仅是知识传授者,更是一个自主学习者。教师需要比学生更加勤奋、刻苦,以胜任为学生提供帮助的工作。这意味着教师需要投入更多的时间思考和研究,以便对学生提出的问题发表见解和主张。教师的影响力首先体现在思想和情感上,其次才是知识本身的传授。在运用人工智能技术时,必须建立在坚实的理论基础上,避免盲目跟风。教师需要了解语言学、外语习得理论、测试理论等领域,同时善于利用现代教育技术和数据分析来优化教学过程。

在人工智能时代,计算机软件是硬件,而教师的素质则是真正的软件。英语教师应该通过学习教育心理学、教育哲学、二语习得理论、语用学理论等方面的知识,充实自己的理论素养,提高决策能力。人工智能的优势只有在有相

应的理论支持的情况下才能充分发挥,否则容易失去方向。例如,教师可以探讨如何借助人工智能根据语言整体规律进行开放主题教学或单元教学,以促进学生的语用能力发展。

第六章　人工智能时代的高职英语自主学习

第一节　自主学习理念在高职英语中的价值

一、自主学习概述

（一）自主学习的含义

自主学习是指个体在学习过程中能够独立并自发地选择学习内容、学习方法以及学习的时间和地点，不依赖于外部的强制性指导或监督。这种学习方式强调个体的自主性和主动性，使学习者能够更好地适应不断变化的社会和知识环境。自主学习不仅是一种学习方式，更是一种生存和发展的能力。

首先，自主学习强调学习者的主动性。在传统的教育模式中，学习者往往是被动接受知识的对象，教育机构和教师决定了学习的内容和方式。而自主学习则让学习者成为学习的主体，他们有权决定自己学什么、怎么学，可以更好地根据自己的兴趣和需求进行学习。这种主动性不仅能够提高学习的积极性，还能够培养学习者的自我管理和自我调控能力。

其次，自主学习注重个体差异。每个人的兴趣、学习方式和节奏都是不同的，传统的教育往往忽视了这种差异性，采用统一的教学方法和教材。而自主学习则允许学习者根据自己的特点选择适合自己的学习路径，可以更好地满足不同学习者的个性化需求。这有助于培养学习者的独立思考能力和问题解决能力。

再次，自主学习强调学习的目的性和实用性。在自主学习中，学习者通常会更加关注学习的实际应用能力和解决问题的能力，而不仅仅是为了应付考试或获取证书。这种实用性使得学习更有动力，也更符合现代社会对于综合素质和实际能力的需求。自主学习不仅关注知识的获取，更注重知识的运用和创新。

最后，自主学习也培养了学习者的信息获取和分析能力。在互联网时代，信息爆炸式增长，学习者需要具备筛选、分辨和利用信息的能力。自主学习通过让学习者自己选择学习资源，提高了他们对信息的敏感度和分辨能力，培养了他们独立获取知识的能力。

在实践中，自主学习可以通过多种方式进行，例如个体独立学习、小组协作学习、项目驱动学习等。在这些过程中，学习者可以选择适合自己的学科、方法和资源，培养批判性思维、解决问题的能力和创新精神。

（二）自主学习的理论基础

自主学习的理论基础涉及多个学科领域，包括教育心理学、认知心理学、社会学以及信息处理理论等。

1. 行为主义理论

在行为主义理论的视角下，学习被看作一种在刺激和响应之间建立联系的过程。该理论突出外部刺激对学习的关键影响，特别强调环境因素对个体学习行为的塑造作用。在自主学习中，这一理论为个体学习者的行为调整提供有力支持。通过接收来自外部的反馈，如奖励和惩罚，学习者能够自主地调整学习策略，形成符合自身需求的学习动机和行为。

自主学习中的奖励和惩罚机制成为行为主义理论在实践中的具体体现。学习者在自主学习的过程中通过设立个人目标、奖励自己的积极学习行为，或者反思并对消极行为进行自我惩罚，实现了对学习行为的调节。这种外在的激励机制不仅能够强化学习者对积极行为的认可，还能够通过消极行为的惩罚促使其调整和改进学习策略。

此外，行为主义理论还强调建立学习习惯的重要性。在自主学习中，学习者通过制订规律的学习计划并反复实践，培养自己的学习习惯。这种通过外部刺激和反馈来巩固学习行为的方式，使得学习者能够在自主学习的过程中更加自律和持久。

2. 认知心理学理论

在认知心理学理论的框架下，布鲁纳的"认知—发现"学习理论和奥苏伯尔的有意义学习理论提供了对学习过程深入理解的视角，注重个体对知识的主动构建和有意义的学习。

布鲁纳的"认知—发现"学习理论强调学习者通过主动参与和发现来建构知识。在自主学习中，学习者被鼓励通过解决问题和探索新信息的方式，积极参与知识的建构过程。个体在自主学习中通过主动的思考和实践，实现对知识的深度理解。此理论的应用目的在于鼓励学习者自主选择学习任务，通过问题导向的学习，激发其主动性和创造性，提高问题解决能力。

与此同时，奥苏伯尔的有意义学习理论侧重于认为学习应该是有意义的，并强调学习者通过将新知识与已有的知识体系相结合，创造性地理解和运用知识。在自主学习中，这一理论的应用体现在学习者通过个体化的学习体验，将新知识融入个人的认知框架中，使学习过程更有深度和意义。个体在自主学习中通过关注与自身经验和兴趣相关的学习资源，实现知识的个性化整合，增强了学习的实际应用价值。

因此，这两个认知心理学理论在自主学习中共同强调了个体的主动性、问题解决能力以及对知识的深度理解。在实践中，教育者可以通过设计具有挑战性和启发性的学习任务，以及关注有意义学习的过程，引导学习者在自主学习中更全面地发展认知和实践能力。综合这两个理论的观点，自主学习不仅关注知识的获取，更侧重于学习者主动参与和有意义的知识建构。

3. 人本主义理论

在人本主义理论的框架下，学习被视为是个体自我实现和整体发展的过程。该理论注重个体的主观体验、情感和自我概念，强调每个学习者作为独立个体的价值。在自主学习中，人本主义理论的观点得到了充分的体现，促使学习者更好地发挥个人潜能。

自主学习与人本主义理论的关联体现在学习者的自我决定和自我反思上。在自主学习的环境中，学习者能够自主选择学习内容、制订学习计划，从而更好地适应个体的学习风格和兴趣。这种自主决定问题的过程使学习者感到更有掌控感，增强了他们学习的积极性和主动性。

此外，自主学习中的自我反思也符合人本主义理论的核心理念。学习者在自主学习过程中不仅关注知识的获取，更注重对自己学习过程的反思。这种自我认知的过程有助于学习者更好地理解自己的学习需求和方式，为个人潜能的发展提供了有益的支持。

人本主义理论的关注点还包括学习者的情感状态和个体的整体发展。在自主学习中，学习者能够更加自由地表达情感，体验学习的愉悦感，从而培养积极向上的学习态度。同时，自主学习强调学习者的综合素质和全面发展，使个体在学习的过程中更好地实现个人潜能。

综合而言，自主学习在人本主义理论的指导下，通过提供自主决定和自我反思的机会，促进学习者更好地实现个人潜能，符合人本主义理论强调个体整体发展的核心价值观。在自主学习中，个体能够更自由地追求自身兴趣和需求，实现更加丰富和有深度的个人成长。

4.建构主义理论

建构主义理论强调学习是建立在个体先前知识和经验的基础上，是一个主动参与和知识建构的过程。在自主学习中，建构主义理论的核心观点得到了充分体现，强调学习者通过积极的参与和经验建构知识，为自主学习提供理论支持。

在自主学习中，学习者通过参与各种学习活动，如实际应用、探索性任务等，积极地构建新知识，并将其整合到已有的知识结构中。这一过程不再是对信息的被动接收，而是对信息的主动探索和理解，使学习者更深入地理解和应用所学内容。

建构主义理论对于自主学习的应用强调学习者的经验对知识建构的重要性。自主学习注重学习者在学习过程中的主动性和独立性，学习者在积极参与学习活动的过程中，根据自身的经验和先前的知识构建新的认知结构。这不仅有助于加深学习者对知识的理解，而且促使他们在学习过程中形成更加丰富和有深度的学习体验。

建构主义理论的另一个重要概念是社会交往的意义。在自主学习中，学习者可以通过与他人的交流、合作和分享，拓展自己的视野，通过社会互动来建构知识。这与建构主义理论中强调社会交往和协作的观点相契合，使得学习者能够更全面地参与和建构知识。

5.信息加工理论

信息加工理论是一种关注学习者对信息的获取、处理和存储过程的心理学理论。该理论强调认知过程在学习中的关键作用，涉及学习者的感知、注意、记忆、思维等心理活动。在自主学习中，信息加工理论提供了关于学习者如何处理信息、记忆和解决问题的理论基础，与自主学习的实践密切相关。

在自主学习中，学习者需要具备良好的信息获取和分析能力，以便更有效地利用学习资源。信息加工理论强调感知和注意的重要性，学习者通过关注和选择有关学科的信息，以满足其学习需求。自主学习者可以通过阅读、观察、听讲座等方式主动获取信息，将其纳入认知体系。

此外，信息加工理论还涉及记忆的过程。在自主学习中，学习者需要通过不同的记忆策略，如重复学习、联想记忆等，巩固所学知识。自主学习者可以利用个人的学习风格和记忆偏好，选择适合自己的记忆方法，以提高信息的长期保留和应用能力。

思维过程也是信息加工理论关注的核心。在自主学习中，学习者通过思考和解决问题的过程，积极参与知识的建构。信息加工理论强调学习者如何在思维过程中将新的信息与已有知识相结合，形成更有意义的认知结构。自主学习者在解决问题、参与探究性学习任务时，能够更灵活地运用信息加工理论中的认知策略，提高问题解决能力和创新性。

这些理论基础共同构成了自主学习的理论支持体系，为解释学习者为何能够在自主学习中更有效地获取知识、发展技能提供了理论依据。在实践中，教育者可以结合这些理论，设计和优化自主学习的环境、任务和支持机制，以更好地促进学习者的全面发展。

二、高职英语自主学习的内涵

英语自主学习是一种学习者在学习英语的过程中能够主动负责并做出决策的学习方式。该概念最早由法国语言学家亨利·霍勒克在20世纪80年代提出，对传统的以教师为中心的教学模式提出了挑战。在这一理念的启发下，教育学者进一步总结了英语自主学习的多个方面，包括动机、学习策略、时间管理、物理环境、社会环境和学习成果等。加拿大不列颠哥伦比亚省道格拉斯学院的教授利特尔伍德则认为，英语自主学习的因素主要包括自愿性、自主管理、学习过程、学生相互帮助以及学习材料等。

首先，学生表现出持久强劲的学习动力和积极的学习态度。他们愿意主动参与学习过程，对英语学习充满兴趣和热情。其次，学生能够有效地运用元认知策略，实现自我管理、自我评估、自我监控英语学习的过程和结果。他们能够清晰地了解自己的学习风格，采取适合自己的学习策略完成学习任务。最后，学生具有独立学习的能力，能够根据自身情况进行自我评估，通过信息反馈确定英语学习目标，并制订计划实施学习。同时，他们还表现出合作学习的精神，能够在团队中高效地与他人合作。

具体而言，英语自主学习的过程可以概括为三个关键步骤的循环。首先，学生需要对自己的英语学习活动进行计划和安排，包括设定学习目标、确定学习计划和选择适合自己的学习策略。其次，学生需要对实际的英语学习情况进行监控、评价和反馈，通过不断地调整学习策略来提高学习效果。最后，学生对自己的英语学习进行调整、修正和控制，形成一个循环的学习过程。

总体而言，自主学习是一种富有活力和灵活性的学习方式，强调学生的主动性、自主性和独立性。学生通过自我决策和自我管理，能够更加有针对性地制订学习计划，更加灵活地应对学习任务，最终实现英语学习目标。这种学习方式不仅提升了学生的自主学习能力，也培养了他们在信息时代更好地适应和应对各类学习挑战的能力。

三、自主学习在高职英语中的价值

（一）提高学习者的主动性

在提高高职生的学习主动性方面，自主学习模式提供了一种有力的解决方案。高职生的特点在于对英语学习的兴趣普遍不高，且由于基础较差，可能面临学习动力不足的问题。传统的教学模式通常是以教师为中心，学生被动接受知识，缺乏对学习过程的自主控制。这种模式可能会加深学生对英语学习的抵触感，难以建立起实际应用英语的主动性。相比之下，自主学习模式赋予了学生更大的学习自主权和控制权。自主学习强调学生参与制订学习计划和选择学习内容的过程。学生可以根据自身兴趣和实际需求调整学习方向，从而更好地激发学习兴趣。此外，自主学习允许学生根据自身情况和学科特点选择合适的学习路径，进行个性化学习。这种个性化的学习方式有助于提高学习的效率，满足学生在实际应用中的需求，更好地培养英语技能。自主学习还能培养学生的学习习惯和自律性。学生自己制订学习计划、管理学习时间，并通过反馈机制不断调整学习策略，这有助于培养学生的学习习惯和自律性，提高他们对学习的主动性。因此，引入自主学习的方法可以更好地满足高职生的学习需求，激发他们的学习兴趣，提高英语学习的效果。自主学习模式下，学生将更加主动参与学习过程，有助于改变传统教学模式下的被动学习方式，培养学生的独立思考能力和解决问题的能力。

（二）更好地关注个体差异

在高职英语教学中，自主学习能更好地关注个体差异，因为高职生的学习需求和背景多种多样。自主学习可以针对学生的兴趣、学习风格和学习节奏提供更灵活、个性化的学习方式，从而更好地满足他们的学习需求。

自主学习鼓励学生根据自身的学习需求和目标制订个性化的学习计划。这意味着学生可以根据自己的学习节奏和能力安排学习时间。在自主学习中，学生可以利用多种多样的学习资源，包括教科书、在线课程、视频教程、学习应用程序等。这些资源的多样性使得学生可以根据自己的学习偏好和能力选择最适合自己的学习方式。

自主学习强调学生自主控制学习的节奏和方式。有些学生可能更喜欢通过阅读来学习，而另一些学生可能更喜欢通过听力或口语练习来提高英语水平。自主学习允许学生根据自己的喜好和需求选择最适合自己的学习方式。教师也可以根据个体学生的学习表现和需求提供个性化的辅导和反馈。这意味着教师可以根据学生的学习进度和能力为他们提供有针对性的指导和建议，帮助他们更好地提高英语水平。

自主学习也可以通过合作学习的方式来更好地关注个体差异。学生可以在合作学习中互相学习和帮助，从而更好地发现自己的学习特长和不足，进一步提高个人的学习能力和技巧。

（三）促进终身学习习惯的养成

促进终身学习习惯的养成是自主学习在高职英语教学中的一项重要目标。自主学习的核心理念在于培养学生具备自主获取知识的能力，这一能力不仅对当前学业有益，更为学生未来的终身学习和发展打下坚实基础。

首先，通过培养主动获取信息的意识，自主学习激发了学生独立寻找、筛选和整理信息的能力。这不仅对学术学习有益，也为终身学习提供了基础。学生通过主动搜索和整理信息，逐渐形成对知识的持续追求和学习的主动性。

其次，注重元认知策略的培养是培养终身学习习惯的关键一环。学生通过反思自己的学习过程，理解自己的学习方式、策略和效果，从而形成更为高效的学习习惯。这种元认知能力的培养有助于学生更好地理解自己的学习需求，为未来终身学习的不断调整和适应奠定基础。

再次，在自主学习的框架下，养成自主学习的习惯是一个逐步发展的过程。通过在高职英语课程中引入自主学习元素，鼓励学生制订个性化的学习计划，逐渐形成学习的主动性。这种习惯的培养使得学习成为学生日常生活的一部分，而非仅仅是在特定场景下的行为。

另外，强调问题导向学习和鼓励跨学科学习是促使学生养成终身学习习惯的另一个途径。通过培养学生主动提出问题、解决问题的能力，以及将英语与其他学科知识结合，学生在学习中形成了对知识更全面、更深入的理解，为未来不同领域的学习提供了坚实的基础。

最后，社交化学习的推崇也是培养终身学习习惯的重要手段。通过利用社交媒体和线上社群等平台，鼓励学生在学习中进行分享和合作，形成学习社区，提升他们的学习动力和参与度。这种社交化学习不仅使学生从与他人的交流中获得知识，也激发了他们持续学习的动力。

第二节　自主学习与高职英语课程设置

一、高职院校课程设置的特点

课程设置是教育机构在制订和安排教学计划时所进行的一系列决策和规划。这一过程旨在确保学生在其学业生涯中获得全面、有序的学科知识和技能。首先，学科选择是课程设置的核心，涉及决定哪些学科或课程将被纳入学校的教育体系中。这反映了教育机构对学生需求和社会发展趋势的认知。其次，课程设置涉及确定每门课程的具体内容，包括教材、教学方法和课程大纲。这有助于确保学生在学习过程中获得系统化的知识体系。学科顺序的规划也是重要的，以确保学生在学术上的有序进展，逐步深化对知识的理解。此外，学分分配、教学方法、评估和考核方式等方面的决策，都在课程设置中发挥着关键作用。总体而言，课程设置是一个复杂而综合的过程，旨在为学生提供有针对性、质量高的教育，使其在未来的学术和职业生涯中具备足够的能力和素养。

高职院校课程设置的特点通常与高职教育的定位、目标和学生群体有关。以下是一些高职院校课程设置的一般特点。

（1）职业导向：高职院校的课程设置强调职业导向，旨在培养学生具备实际的职业技能和适应市场需求的能力。课程内容通常与特定行业或职业领域密切相关。

（2）实践性强：高职院校注重实际操作能力和实践能力的培养。课程设置通常包含实习、实训、项目工作等环节，以确保学生能够将理论知识应用于实际工作中。

（3）专业性强：课程设置更加专业化，紧密围绕特定职业领域或行业需求展开。学生在特定领域内深化学习，以提高他们在职业市场上的竞争力。

（4）适应性强：考虑到职业市场的变化，高职院校的课程设置更具灵活性，能够迅速调整以适应新兴行业的发展趋势。

（5）行业合作：与实际职业领域的合作关系密切，以便更好地理解行业需求，并确保课程内容与实际职业标准相符。

总体而言，高职院校的课程设置更加注重学生的职业准备，力求使学生在毕业后能够迅速适应并融入实际职业环境。

二、高职英语课程设置现状

（一）优点

1. 课程设置层次化

在高职院校的英语教育中，课程设置的层次化是根据不同专业对英语能力的需求进行有针对性规划的重要体现。社会各行业对人才的需求差异巨大，因此，不同专业对英语能力的要求也存在显著差异。为了更好地满足各专业学生的就业需求，国家专业教学标准将高职英语教学要求分成了较高、一般和基础三个标准，实现了课程的多层次设置。

在一些对英语依赖程度较高的专业，比如涉外旅游专业，学生需要具备较强的英语口头表达能力，以便熟练地与国际旅客进行沟通。为满足这些专业的需求，课程设置通常包括基础英语、英语听力或口语课程，以及行业英语等。这些课程内容丰富，所耗费的课时也相对较多，确保学生在毕业后能够胜任涉外旅游专业的工作。

相比之下，对于一些对英语依赖程度较低的专业，只需学生掌握英语的基础知识和技能，具备与职业岗位相关的一般能力。因此，这些专业的英语课程设置相对简单，注重培养学生实际运用英语的基本能力，使其能够适应职业中的基本沟通需求。

总体而言，通过对不同专业英语需求的分析和考量，高职英语课程的层次化设置有助于更好地满足学生的就业需求，提高他们在职场上的竞争力，实现了对各类专业学生的针对性培养。这也为学生在未来的职业发展中提供了更为灵活和实用的英语能力支持。

2. 重视行业英语

多数专业教学标准明确将培养职场环境下英语交际能力作为目标，并以岗位需求为主线来开发和建构英语课程。这种趋势要求高职英语为各专业提供专业服务，凸显了将基础英语和行业英语融为一体的教学理念。

在不少专业教学标准中，高职英语教学被划分为两个阶段，即基础英语阶段与行业英语或专业英语阶段。基础英语阶段旨在打下英语基础，为后续的专业实践提供支持。这个阶段的教学内容与行业英语阶段的内容自然衔接，为学生提供了平稳的过渡。通常，在前1~3学期，学生会接受基础英语的培训，而在最后1学期，则专注于行业英语或专业英语的学习。行业英语通常以必修课或专业选修课的形式出现，确保学生在进入实际职场时能够更好地运用英语进行专业交流。

这种基础英语与行业英语的有机结合，使得高职英语教育更贴近实际职业需求，提高了学生在特定专业领域中的语言应用能力。通过此教学趋势，高职院校致力于培养既有坚实英语基础又能够在职场中游刃有余应对专业英语要求的应用型人才。这也反映了高职英语教育能够紧密结合社会实际，更好地服务于学生未来的职业发展。

3. 理论结合实践

高职英语作为基础学科，扎实稳固的知识传授是必不可少的，但与此同时，许多专业也非常重视英语的实践教学，因此在课时分配中，实践教学通常占有一定比例。

首先，通过扎实的理论知识传授，学生能够建立起对英语语言体系的基本认知，包括语法、词汇、听力、阅读、写作等方面的知识。这些理论知识为学生未来的实践应用奠定了坚实的基础，使他们能够更好地理解和运用英语语言。通过实践教学，学生能够将理论知识应用到实际情境中，提高他们的语言运用能力和沟通能力。

其次，在课时分配中，高职院校通常会安排一定比例的时间用于实践教学，以确保学生能够在学习过程中不断地接触和运用英语，提高他们的语言技能和实际应用能力。通过理论与实践相结合的教学模式，高职院校能够更好地培养学生的综合英语能力，使他们在未来的职业生涯中具备更强的竞争力。

（二）缺点

1. 通用英语课程设置比例过大

由于高职院校学生学习基础相对薄弱，许多高职院校在课程设计中过度侧重基础英语教学，包括综合英语、英语口语和英语听力等，这些课程通常占据较大的课时比例。然而，这些基础课程中的英语语言知识和技能训练往往与高中阶段的学习存在较多重复之处，可能导致学生失去学习的兴趣，产生学习疲劳。

此外，过多强调基础英语课程，却缺乏商务英语方面的内容，可能导致与后续专业课程的语言对接不足。这使学生在实际职业领域中难以充分运用所学的英语知识。因此，为应对这一问题，应当采取一些调整措施，以提高英语教学的实效性和学生的学习积极性。

一种可能的解决方案是适度精简基础英语课程，特别是对于已具备一定英语基础的高职学生。通过减少基础课时，可以更充分地为学生安排与专业相关的课程，提高他们在职业领域中的实际应用能力。同时，注重通用英语课程中与实际职业需求相关的内容，尤其是商务英语等专业领域，以确保学生能够更好地适应未来职场的语言沟通需求。这样的调整将更好地满足高职学生的实际需求，提高他们的学习动力和就业竞争力。

2. 高职英语课程设置更新与就业发展仍有差距

确保课程设置与学生学习需求以及将来的就业趋势保持一致对于高职院校至关重要。一方面，学生的学习需求与将来的就业密切相关，即学生将来从事的职业需要什么样的知识与技能。因此，高职英语专业的课程设置应该紧密结合学生的就业需求，以确保学生毕业后能够顺利适应并胜任所选择的职业。

随着社会发展和经济环境的变化，就业形势也在不断变化。因此，高职英语的课程设置应该能够灵活调整，及时反映就业市场的需求变化，以保持与就业市场的紧密对接。这种敏感性对于确保学生毕业后具备符合当前就业趋势的英语技能至关重要。高职院校在制定课程设置时应该注重对就业市场的研究，与企业、行业保持沟通，确保培养出的英语专业人才符合实际用人需求。

另一方面，学生的学习需求也包括在具体工作岗位上继续深造的学习需求。由于工作岗位对知识与能力的需求不断变化，高职院校应该在英语课程设置中考虑到学生将来继续学习的需要。这可以通过提供灵活的选修课程或专业方向的设置来实现，使学生在职场中能够不断提升英语水平，适应职业发展的需要。

总的来说，高职英语课程设置需要保持与学生就业发展的一致性，关注就业市场的变化，及时调整课程内容，以培养更符合现实职业需求的英语专业人才。这不仅有助于提高学生的就业竞争力，也促进了英语教学改革与实际用人需求的紧密对接。

3.实践课程局限于课程本身而非真正意义上的实践活动

目前，一些高职院校的英语实践课程往往过于注重课程的内部内容，而忽视了将所学知识与实际场景相结合的机会。学生在实践课程中可能仅仅进行一些表面性的模拟，而缺乏与真实工作环境相贴合的实际应用。这种情况可能导致学生在毕业后难以迅速适应职场中的英语实际需求。他们可能掌握了一定的理论知识，但在处理复杂的职业交流、商务沟通等实际场景时，缺乏足够的实践经验和应对能力。

三、高职英语课程设置中的自主学习设计

（一）课程目标的设定与自主学习的融合

首先，课程目标的设定应当凸显学生综合能力的培养，而非仅仅停留在语法和词汇的掌握上。高职英语课程的目标应该包括语言技能的提升、跨学科应用能力的培养以及职业实践中所需的沟通技巧。这样的目标不仅需要学生具备扎实的语法基础和词汇量，更要求他们能够运用所学知识解决实际问题，适应未来职业发展的需求。

其次，在课程目标设定的基础上，将自主学习纳入整个教学过程是非常关键的。自主学习应成为实现课程目标的有效手段，促使学生在课堂内外都能主动、有目的地进行学习。这需要教育者注重培养学生的学习动机，激发学生学习的动力和对知识的独立探索欲望。通过设定明确的学习目标，鼓励学生在教师指导下，逐步从被动接受者转变为主动学习者。

再次，自主学习还要求教育者设计多样化的学习任务，使学生能够在实践中应用所学知识。例如，可以设计项目式学习任务，让学生参与到模拟的职业场景中，进行英语沟通和合作。这样的任务既能检验学生的语言水平，又能锻

炼他们在实际情境下的应变能力。同时，这也激发了学生对自主学习的兴趣，因为任务的完成不仅是为了应付考试，更是为了解决实际问题。

与此同时，教育者应该为学生提供多元化的学习资源，以支持他们的自主学习。这包括但不限于在线课程、数字化教材、多媒体资源等。通过引导学生利用这些资源，教育者可以培养学生获取信息、解决问题的自主学习能力。在这一过程中，学生将逐渐养成主动寻找、筛选、利用信息的良好习惯，从而更好地适应未来职业发展的需求。

最后，教育者还应引导学生参与到学习社群中，通过合作学习促进自主学习的过程。学习社群可以是班级内的小组合作，也可以是跨班级、跨学科的合作。通过学习社群，学生可以相互交流、共同解决问题，从而培养团队协作精神和沟通技能，更好地实现综合素质的提升。

总的来说，高职英语课程目标的设定与自主学习的融合是实现高质量教育的关键一环。教育者应通过设定全面发展的学科目标，激发学生的学习兴趣和动机，设计多样化的学习任务和资源，引导学生参与到学习社群中，全方位地推动学生的自主学习能力的培养，使其更好地应对未来职业的挑战。

（二）教学内容的选择与学生自主学习的关联

1. 设定相关的学习目标和任务

在选择教学内容时，首先需要明确学习目标。这些目标应该与学生未来的职业发展需求紧密相连。同时，为了激发学生的学习兴趣，提高他们的自主学习能力，可以设定一系列具体的、可测评的学习任务。这些任务可以包括参与实际项目、解决实际问题、进行口头演讲、参加模拟面试等，使学生在学习过程中获得实际经验和应用能力。

2. 创设启发性的教学场景

教育者在选择教学内容时，应考虑将内容嵌入具有启发性的场景中。这可以通过模拟实际工作环境、行业案例分析、角色扮演等方式实现。通过真实场景的呈现，学生将更容易理解和应用所学知识，增强他们在实际工作中的操作能力。

3. 引入多媒体和技术支持

利用多媒体和技术手段，将教学内容呈现得更为生动、直观，有助于激发学生的学习兴趣。通过引入视频、图表、互动软件等，可以提供多样化的学习资源，帮助学生更好地理解和掌握知识。此外，技术支持也可以促进学生在自主学习中的积极参与，例如在线讨论、博客分享、虚拟实验等。

4. 提供个性化学习选择

考虑到学生个体差异，教育者可以为学生提供一定的选择空间，让他们根据自身兴趣和发展方向进行个性化的学习选择。这可以包括选修课程、选择项目主题和实习机会等。通过个性化的学习选择，学生更容易找到自己的学科优势和职业兴趣，从而更加积极主动地投入学习。

5. 激发学生自主学习的欲望

在教学内容的选择上，教育者可以设定一些引导性问题或挑战，激发学生主动探索的欲望。通过提出开放性的问题、鼓励学生进行独立思考，可以培养学生的问题解决能力和创造性思维，使之更好地适应未来职业发展的需要。

6. 引导学生构建知识体系

教育者应当帮助学生将所学知识构建成一个完整的体系，而不是零散的知识点。通过引导学生建立知识框架，使他们能够更好地理解知识之间的关联，增加知识的深度和广度。这种知识体系的建构有助于让学生在自主学习中更有方向感，更高效地掌握知识。

在教学内容选择与学生自主学习关联的过程中，教育者需要不断调整和优化，注重反馈机制，及时了解学生的学习需求和反馈，以更好地满足学生的自主学习需求，推动他们全面发展。通过这样的关联，高职英语课程将更好地促进学生的综合素质提升，使他们更好地应对未来职业挑战。

（三）学习任务的设计与学生自主学习能力的培养

学习任务的设计是高职英语课程中促进学生自主学习能力培养的重要环节。通过巧妙设置任务，教育者可以激发学生的学习兴趣，引导他们进行主动思考和探索。

1. 设计具有挑战性的任务

学习任务应该具有一定的难度，能够激发学生的学习兴趣和求知欲。挑战性的任务能够促使学生跨越自己的舒适区，培养学生解决问题的能力。这可以包括开展课外研究、参与英语角活动、解决实际问题等，使学生在完成任务过程中获得成就感和自信心。

2. 引导问题解决和实际应用

学习任务设计应强调问题解决和实际应用，使学生在解决问题的过程中学到知识。例如，可以设计与职业实践相关的任务，让学生运用英语去应对实际工作中的挑战。这有助于培养学生在职场中运用英语的实际能力，提高他们的职业竞争力。

3. 鼓励合作学习

设计合作性学习任务，让学生在小组中共同协作完成任务。这不仅有助于培养学生的团队合作能力和沟通技能，还能促进彼此之间的互相学习。通过合作学习，学生可以在团队中分享和交流知识，提高对不同观点的理解和接纳能力。

4. 提供学习任务的选择

为了促进学生的自主学习，教育者可以提供一定的学习任务选择空间，让学生根据自身兴趣和发展需求选择合适的任务。这可以包括选修课题、项目主题的自主选择、制订个性化学习计划等，激发学生主动学习的兴趣。

5. 建立反馈机制

设计任务时应建立及时有效的反馈机制，使学生能够及时了解任务完成情况，并从中得到指导和改进的机会。通过反馈，学生能够更好地认识自己的优势和不足，促使他们对自己的学习进行深入思考，提高自主学习的效率。

通过以上方式设计学习任务，不仅能够激发学生的学习兴趣，还能够培养他们的自主学习能力。这种培养方式有助于学生更好地适应未来职业发展的需要，使他们成为具有综合素质的英语专业人才。

（四）评价方式与自主学习的匹配

评价方式在高职英语课程中起着至关重要的作用，它不仅是对学生学习成果的检验，也是对教学质量和教学目标达成情况的反馈。与自主学习的匹配意味着评价方式应该能够有效地激发学生的自主学习动机，促进他们自主学习能力的发展。

1. 多样化的评价方法

评价方式应该尽可能多样化，包括但不限于笔试、口试、作业、项目报告、演示展示等。这样的多元评价方式能够更全面地反映学生的学习情况和能力水平，为他们提供展示自我、发挥优势的机会。

2. 引导性的反馈机制

评价不应只是简单地给予分数，更应该包含有针对性的反馈。反馈应该及时给予，内容具体明确，能够帮助学生了解自己的不足并提供改进方向。通过引导性的反馈，可以激发学生的自我反思和自我管理能力，促进他们的自主学习过程。

3. 鼓励学生参与评价过程

评价过程应该是学生参与的过程，而不仅仅是教师的单向评价。鼓励学生参与评价可以提高他们对学习过程的认识和理解，促进他们对自己学习成果的深入思考。例如，可以设计自评、同学互评等形式，让学生更加主动地参与到评价过程中来。

4. 考虑到学生的个体差异

评价方式应该充分考虑学生的个体差异，采取灵活多样的方式进行评价。不同的学生可能有不同的学习风格和学习节奏，应该根据其个体特点给予相应的评价方式和支持。例如，对于善于表达但不擅长书面表达的学生，可以采用口头演讲或项目展示等方式进行评价。

5. 鼓励学生建立学习档案

学生的学习档案是评价的重要参考依据之一，可以记录学生的学习历程、成绩单、自我评价等信息。鼓励学生建立和维护自己的学习档案，有助于他们更好地管理自己的学习过程，形成良好的学习习惯和自我管理能力。

通过与自主学习的匹配，评价不仅能够有效地检验学生的学习成果，更能够促进他们的自主学习能力的培养。这样的评价方式有助于学生更好地适应未来的学习和工作需求，成为具有综合素质的英语专业人才。

第三节 人工智能技术推动下的高职英语自主学习

一、高职英语自主学习的现状与问题

（一）自主学习时效低下

许多高职学生在进行英语自主学习时，往往缺乏有效的学习方法和计划，导致学习效果不尽如人意。首先，部分学生可能缺乏明确的学习目标，不清楚自己到底想要达到什么水平，这导致学习时容易产生迷茫感，影响学习的主动性。

其次，一些学生可能在自主学习中存在时间管理上的问题。高职学生通常面临着较为紧张的学业压力，加之其他活动的参与，使得他们很难有效地安排英语学习的时间。这可能导致学习时间分散，无法形成连贯而有针对性的学习过程，降低了学习的效益。

另外，部分学生在自主学习时缺乏系统性和计划性。他们可能过于依赖零散的学习资源，没有建立起一个有机的学习框架，导致学习内容的碎片化，难以形成知识体系。这使得学生难以深入学习，也难以在学科中形成相对稳固的基础。

因此，高职英语自主学习时效低下的问题需要通过提高学生学习目标的明确性、加强时间管理技能的培养以及制订系统性学习计划等途径来加以解决。只有在学生形成合理的学习目标和规划的基础上，才能更好地提高自主学习的时效性，使学生能够更有针对性地进行英语学习，提高学科素养。

（二）自主学习资源不均衡

这一问题主要体现在学生获取学习资料的渠道有限、学习资料质量参差不齐等方面。一些高职院校可能由于条件限制，无法提供丰富、高质量的英语学

习资源，使学生在自主学习时面临着资源匮乏的困境。自主学习资源的不足导致学生在获取学习材料时难以找到合适的教材、参考书籍或在线资源，影响学习的效果。

自主学习资源的不足可能导致学生对不同领域的知识了解不够全面。有些学生可能只能接触到特定领域或主题的学习资源，而无法广泛涉猎，这影响了他们英语素养的全面发展。

（三）自主学习过程缺乏个性化支持

高职英语自主学习的另一个问题是自主学习过程缺乏个性化支持。在自主学习过程中，学生往往需要根据自己的学习风格、兴趣和水平来进行学习，但现实情况是，许多学生在这方面缺乏有效的支持和指导。

首先，学校和教师在学生自主学习过程中往往难以提供个性化的指导和支持。由于学生人数众多、教师资源有限，教师往往难以对每个学生的学习需求进行深入了解和跟踪，导致学生在自主学习过程中缺乏有针对性的指导和帮助。

其次，传统的教学模式可能限制了个性化支持的实现。在传统的课堂教学中，教师往往是以集体为单位进行教学，缺乏对个体学生的深入了解和关注，这使得个性化支持难以实现。

另外，学生自身对于个性化学习的认识和实践也存在一定程度的欠缺。一些学生可能缺乏自我管理能力，无法有效地根据自己的需求和特点进行学习安排，导致自主学习过程缺乏个性化和针对性。

二、人工智能技术推动下的自主学习

（一）人工智能技术对高职英语自主学习的影响

1. 对学习动机的影响

学习动机是影响自主学习的重要因素，而人工智能技术在这方面可以直接或间接地产生影响。直接影响学习动机的方式包括通过机器学习算法实现的资源推送功能。这项功能能够根据学习者的行为习惯，预测其喜好，生成个性化的资源推送方案，并通过分析学习者的行为，为之提供更全面、个性化的学习支持，帮助学习者选择感兴趣的课程、学习材料和活动，从而提高其学习兴趣，促使其产生更积极的学习动机。

另外，人工智能的智能评分系统、学习障碍诊断以及问题解决能力测评也能对学习者的学习动机产生间接影响。通过跟踪学习者的行为并记录学习结果，这些系统能够提供评价或建议，帮助学习者改进学习方法，加强记忆，从而提升其自主学习的效果。这种个性化的反馈机制有助于激发学习者的积极性，提高他们对学习的兴趣，从而维持较高水平的学习动机。

需要注意的是，学习动机是一个动态的因素，会随着学习时间的增加而减弱，但也会随着学习成果的增加而加强。因此，人工智能技术的应用在不同的学习阶段和时机上，通过设计个性化的学习方案，可以更好地引起学习者的注意，增强其学习动机，推动自主学习的顺利进行。

2. 对学习方法的影响

学习方法是学生实现"学会学习"的重要标志，也是影响学习效率和质量的重要因素。在自主学习过程中引入人工智能技术，则意味着要求学习者调整和选择学习方法。人工智能中的专家系统和计算机辅助教学系统具备某学科或领域的专业知识，能够生成自身的提问和应答，分析学习者的学习风格，评价和记录其学习表现，诊断学生学习过程中的各种行为，并根据情况进行补救教学。

人工智能在教育中的应用不仅是技术手段的改进，更会导致我们对问题和学习方式的思考发生变化。因此，在自主学习的初期阶段，无论是学习者还是教师，都应该考虑到人工智能技术对我们认知和学习方式的影响，以便选择合适的学习资源，并调整适合的学习策略。这种意识的提高将有助于高职英语教学更有效地利用人工智能技术，促进学习者的自主学习和个人成长。

3. 对学习环境的影响

目前的自主学习主要通过网络进行，缺乏传统教室中教师和同伴的互动和情感交流。然而，随着人工智能的出现，网络学习的环境发生了改变，增加了智能导师和智能同伴的交流机会。分布式人工智能技术中的 Agent 和多 Agent 技术在教学中的应用逐渐受到关注。Agent 技术是一种人工智能领域的技术，指的是具有自主性、感知性、决策性和执行性的智能实体。Agent（代理人）是能够感知环境、做出决策并执行动作的计算机程序或实体。这些代理人被设计用来模拟和执行特定任务，其行为受到任务目标和环境的影响，在自主学习中，利用 Agent 的分布性、自主性和社会性等特点，使各种教学资源得以充分利用，并追踪学习者的学习行为，为学习者的网络学习创造更合适的学习环境。

网络学习作为自主学习的主要方式，受益于人工智能技术所创造和改变的学习环境。智能导师和智能同伴的引入丰富了学习者的学习体验，提供了更加个性化、更有互动性的学习环境。学习者可以通过与智能导师和同伴的交流，获得及时的反馈和指导，从而更好地理解学习内容，提高学习效率。

总的来说，人工智能技术为自主学习提供了有力的支持，丰富了网络学习的环境，促进了学习者在网络学习中的成长和发展。通过利用人工智能技术，我们可以更好地发掘网络学习的潜力，为学生提供更丰富、高效的学习体验。

（二）人工智能技术推动下自主学习的新特征

在人工智能技术推动下，高职英语自主学习呈现出一系列新的特征，不仅改变了学习的形式，也重新定义了学习的过程。首先，学习环境基于丰富的知识资源，涵盖文本、图像、声音、视频等多媒体形式，可以根据每个学习者的需要和情况进行灵活组合。这种学习环境旨在鼓励学生进行自由探索和与他人协同学习，使整个学习过程更加灵活和个性化。

其次，学生在自主学习中能够发挥更大的主动性，借助自适应学习系统自我组织、制订并执行学习计划，全程掌控学习过程。这意味着学生对自己的学习负有完全的责任，而教师更多地成为学习的引导者和建议者，而非学习过程的主宰者。学习过程中，学生能够自主评价学习效果，形成自我教育的学习方式。

再次，自主学习注重培养学生的元认知技能，强调知识的使用能力和与他人协作的能力。学生通过主动探索和交互来形成自己的学习方案，而不是过度依赖教师的讲授或操练。这种自我教育的方式不仅要求学生掌握所学知识，更强调培养学习方法和元认知技能，使学生具备更广泛的学习能力。

又次，个体化和人性化成为自主学习的核心特征。每个学生的学习过程是独特的、个性化的，包括学习的进程、知识空间的路径和反馈信息等。学生在学习环境中能够自主选择和评估，学习过程不再被统一标准化，而是由学生个体决定。

此外，自主学习强调快速的反馈系统，不仅包括自身测试练习的反馈，还涉及指导教师和学习同伴之间的反馈。学生之间的交流和讨论成为必不可少的一部分，通过互相分享观点和合作学习，促进学生从不同角度认识知识，形成更为完善的认知结构。

最后，高级的数字化科技和智能科技的支持成为自主学习的关键。自主学习对学习环境的要求包括丰富的媒体表现形式、良好的适应性、敏感的反馈系统和便捷快速的通信。多媒体、人工智能和网络通信等技术的广泛应用为自主学习提供了强有力的支持。

三、人工智能时代高职英语自主学习策略

（一）激发英语学习的动机

学习动机是驱使学生主动学习的一种力量，它是引导学生学习的内在需求和激励。在培养学生英语自主学习能力的过程中，首先需要激发学生对英语学习的兴趣。目前，在学生学习英语的动机中，功利性动机占主导地位，而兴趣性动机相对较弱。这意味着许多学生学习英语主要出于获得证书、方便找工作等功利目的，而较少关注语言交际的需求和个人兴趣。借助人工智能技术，可以构建真实的语言交流环境，利用智能英语学习平台为学生提供个性化的学习支持，增加语言实践机会和布置有挑战性的任务，以培养学生的英语学习兴趣。

其次，设定明确、适当的学习目标对于培养学生的自主学习能力至关重要。学习目标应该具体而清晰，既包括长远目标也包括近期目标。学生需要将长远目标分解为更具体、可操作的短期目标，并结合自身能力制订计划。学习目标的设定应具有一定难度，既能激发学生的动机，又不至于过于超出其能力范围，以避免目标过高带来挫折感，或目标过低缺乏挑战性。

最后，及时检测学生的学习效果是激发学生学习动机的重要手段。学习效果的检测为学生提供及时的反馈信息，使学生了解自己的学习进展。人工智能学习系统能够自动检测学习者的效果，并通过数据诊断为学习者提供个性化的

学习支持。及时了解学习结果可在学生中产生强大的激励作用，这种实时的反馈有助于学生更好地调整学习策略，进一步提升学习效果。因此，人工智能技术的运用使得学习动机的激发和学习效果的提升变得更为灵活和个性化。

（二）加强学生在学习中的自我监控

自主学习成功的关键在于学生对学习过程的自我监控。这种自我监控涵盖制订合理的学习计划、自我监控学习进程以及自我评价学习效果三个方面。

首先，在制订个性化学习计划方面，学生需要设定明确的学习目标，并将其分解为长期目标和短期计划。这包括确定以学期和星期为单位的计划，确保学习目标具有清晰的内涵，易于分解为具体的任务和行动。在人工智能技术辅助下，学生可以利用智能代理实时监控学习进度，根据个体差异制订个性化的学习计划，选择适宜的学习资源和方法，提高学习效率。

其次，自我监控学习进程是学习者积极自觉地计划、观察、评价、反馈、控制和调节学习活动的过程。这有助于激发和维持学生的良好注意力、情绪和动机水平。通过人工智能学习系统的实时监控，学生能够更好地分析学习任务，制订切实可行的计划，选择适当的学习方法，并在学习过程中进行反思，以提升学习效果。

最后，自我评价学习效果是学生对学习进展进行负责任的评估，帮助他们清晰地了解当前水平与期望水平之间的差距。在自主学习中，自我评价有助于学生更好地调整学习策略，提升学习效果。通过自我测试、自评和互评的方式，学生可以了解自己的学习表现，发现难点和弱点，为未来的学习提供参考。

在高职英语自主学习中，人工智能英语学习平台通过智能代理的实时监控和个性化支持，为学生提供了有秩序的学习环境。这不仅使学生能够更好地自主管理学习，还促进了个体差异的考虑，激发了学习者的英语学习兴趣。学生在这个过程中展现了学习者的主动性，提升了对自主学习过程的掌控能力。

（三）营造学生英语自主学习的理想氛围

为了促进学生英语自主学习，必须创造适宜的学习环境。营造理想的学习氛围可以通过多种方式实现，其中包括营造适合自主学习的课堂氛围、建立英语自主学习中心以及构建英语学习虚拟社区等方法。

首先，在课堂中，要打破传统的教学模式，将学生置于学习的核心地位。教师应建立民主平等的师生关系，倡导情感交流，营造融洽的课堂气氛。为了培养学生的自主学习能力，课程设计应明确学习目标、任务和可利用的资源，让学生参与到课堂活动中，通过主动参与获得知识，实现自我领悟和问题解决。

其次，建立英语自主学习中心是为了提供自主学习所需的资源和支持。这个中心应当具备两个基本功能：一是提供丰富的语言学习材料，包括语法、听力等方面的学习材料，以满足不同学习者的需求；二是通过鼓励学习者发展个人学习策略，反思学习过程，培养他们的独立学习能力。现代技术设备如电脑、网络、VR等应被充分利用，使学生能够拥有更广泛的信息来源，提高语言运用能力。

最后，建立英语学习虚拟社区是为了构建一个多功能、立体化的虚拟交流空间。这个虚拟社区将由不同兴趣和需求的学生组成，通过计算机网络和通信技术，进行语言学习、知识分享以及英语技能提高的交流。这种虚拟社区不仅促进学生在听、说、读、写、译方面的能力发展，还通过共享信息资源和互相交流思想、观点、创意和经验，培养学生的协作能力和综合英语能力。

综合而言，通过以上措施，学校可以有效地营造适宜的学习氛围，进一步培养学生的英语自主学习能力，推动自主学习的顺利进行。

第七章　人工智能时代的高职英语教学评价

第一节　高职英语教学评价概述

一、高职英语教学评价概述

（一）教学评价的定义

教学评价是一种系统性的、目的明确的过程，通过对教育活动进行收集、分析和解释信息的过程，旨在评估学生的学习成果、教学质量以及教学过程中所采用方法的有效性。教学评价不仅关注学生的学业成绩，还包括对教学目标、教学方法、教学环境等方面的全面评估，以便为教学的改进提供有力的支持。

在高职英语教学中，教学评价的定义涵盖了对学生语言技能、综合素质和学科知识的综合评估。这种评价不仅关注学生在特定英语技能上的表现，还考虑他们的沟通能力、批判性思维、团队协作等综合素质的培养。同时，教学评价也包括对教师的教学方法、教材设计、课程设置等方面的评估，以确保教学活动的有效性和质量。

教学评价的关键在于其系统性，它需要采用多种方法，包括定期的考试、课堂观察、学生作品分析、问卷调查等，以全面地了解学生在不同层面上的学习状况。通过系统性的评价，教育工作者可以更好地调整教学策略、优化教材设计，提升教学质量，促进学生全面发展。

综上所述，教学评价是一项综合性的过程，通过对学生、教师和教学活动的多方面评估，为提高教学质量和学生学业成就提供有力的指导和支持。

（二）高职英语教学评价的对象和范围

在高职英语教学中，教学评价的对象和范围涵盖多个方面，旨在全面了解学生、教师和教学活动的状况，以推动教学的不断改进。

1. 学生

语言技能评估：评估学生在听、说、读、写、译等语言技能方面的表现，包括语法准确性、词汇运用、发音等。

综合素质评估：关注学生的综合素质发展，包括沟通能力、批判性思维、团队协作等方面。

学科知识评估：评估学生对英语专业知识的掌握程度，包括专业术语、文学作品、语言文化等方面。

2. 教师

教学方法评估：了解教师在课堂上采用的教学方法，包括互动式教学、案例分析、实践活动等，以评估教学的灵活性和有效性。

课程设计评估：检查课程设置和教材设计，确保其符合学科要求，满足学生的学习需求。

学科知识储备评估：评估教师英语学科知识的深度和广度，以确保他们能够有效地传授知识。

3. 教学活动

课堂观察评估：对课堂上的教学活动进行观察，包括教师的讲解、学生的参与度、互动情况等，以评估教学氛围和效果。

学生作品分析：检查学生的作业、项目作品等，了解他们在实际任务中的应用能力和创造力。

二、高职英语教学评价的意义

（一）对教师的意义

高职英语教学评价对教师具有重要的意义，体现在以下几个方面。

首先，教学评价为教师提供了关键的反馈信息。通过评价结果，教师能够深入了解学生的学习状况和教学效果，发现可能存在的问题和不足之处。这为教师提供了及时的改进机会，使之能够及时调整教学计划和策略，以更好地满足学生的学习需求。评价反馈不仅是问题的指向者,也是教学改进的引导者。

其次,教学评价让教师认识到教学是一个动态发展的形成性过程。通过不断收集、分析和利用评价信息,教师可以清晰地认识到教学是一个根据信息反馈而不断发展的过程。这种形成性的特点使得教师能够根据学生的反应和需求对自己的教学方法做出及时的调整,促进教学的不断优化。

再次,教学评价为教师和学生提供了对话的机会,有助于建立和谐的师生关系。通过评价结果,教师能够向学生传递对其学习的关心和关注,激发学生的学习兴趣。同时,评价也为教师和学生提供了沟通的桥梁,使双方能够更加理解对方的期望和需求,从而建立积极的互动关系,为教学营造更好的氛围。

最后,通过参与教学评价的一系列环节,教师能够逐渐成为有意识的教学研究者。通过深入分析评价数据,教师能够逐渐培养研究的思维方式,关注教学的理论和实践问题,从而为日后更深入的教学研究提供基础。这种有意识的研究精神不仅提升了教师的专业素养,也推动了教育领域的不断发展。

综合来看,高职英语教学评价对教师而言,不仅是一个发现问题和改进教学的工具,更是促进师生关系和自我教学研究的有力支持,为教学质量的提升提供了有效手段和途径。

(二)对学生的意义

从学生层面来看,教学评价过程使学生能够全面认识自己在学习中取得的成绩和存在的问题。首先,通过对学生语言技能、综合素质和学科知识的评估,学生可以清晰地了解自己的学业水平。同时,评价过程也为学生提供了及时纠正错误观念和假设的机会,帮助他们更准确地理解学科内容,从而提高学习效果。

其次,教学评价使学生认识到语言学习是一个长期的过程。通过评价结果,学生能够更好地认识到语言学习需要持续的努力和耐心,而不是一蹴而就就能成功的。这种认识有助于学生更好地对自己的学习进行监控,培养长期学习的习惯,提高自主学习能力。

评价结果使学生能够及时端正学习态度,调整学习策略,改进学习方法,提高学习成绩。通过深入分析评价反馈,学生可以发现自己学习中的不足和问题,并有针对性地调整学习计划和方法,以更有效地应对学科知识和技能的学习。

最后,教学评价使学生感受到教师对其学习和成长的关心,增进师生间的情感与交流。评价过程不仅是对学生学术表现的评估,更是对学生整体发展的关注。教师通过评价向学生传递对其学业的关心,激发学生的学习兴趣,同时为师生关系的建立和维护提供了重要的契机。

总之,高职英语教学评价对学生而言,不仅是一个检视学业成绩的工具,更是激发学习兴趣、培养学习习惯、调整学习态度的重要途径。通过评价过程,学生能够更全面地认识自己,不断优化学习策略,实现个人发展和成长。

(三)对教学的意义

首先,评价在鉴定和筛选方面发挥作用。评价可以对课程和教学的各个方面进行鉴定,评估其优良程度和是否达到标准。这种鉴定功能有助于识别和肯定教学中的优秀实践,同时能够发现不足之处并提出改进的方向。通过评价,可以筛选出优秀的教学方法和内容,同时淘汰不合格或效果不佳的部分,为英语教学提供了清晰的方向和标准。

其次,评价在管理研究方面具有重要意义。评价作为一种价值判断工具,可以促使被评价者认真履行职责,完成任务,达到预期目标。通过上级对下级、组织对个人的评价,可以有效监督和促进教学工作的开展。评价也有利于开展教育教学研究活动,为教学管理提供科学依据和决策支持,推动教学质量的持续提升。

最后,评价在促进发展方面发挥重要作用。通过评价的实施,可以为学校的教育教学提供有效的诊断和反馈信息,帮助学校和教师更好地了解教学过程中存在的问题和改进的方向。这种诊断和反馈有助于强化和改进教学活动的开展,促进学生、教师以及整个学校的进步和发展。评价的这种功能也是当代教育评价理论和实践所特别关注的重要方面,为英语教学提供了持续发展的动力和保障。

三、高职英语教学评价现状

（一）评价目标不清晰

高职英语教学评价的现状在评价目标不清晰方面存在一系列问题。这一问题涉及评价的定位、目的和实施，对教学效果的准确评估和改进提出了挑战。

首先，评价目标不清晰表现为对于学生期望达到的具体能力和素养缺乏清晰的规划和阐述。传统的评价往往侧重于对语法知识和词汇的掌握程度，而对语言实际运用的能力、跨学科的综合素养等方面的目标定位模糊不清。这导致评价缺乏对学生真实综合素养的全面把握，难以为学生提供有针对性的培养方向。

其次，评价目标不清晰还表现为对于不同学生群体的差异性要求不足。高职院校涵盖了不同专业领域，学生背景和职业需求各异，然而现行评价体系往往过于单一，忽视了学科差异和个体差异，无法为不同群体的学生提供有效的评价参考和个性化培养方案。

再次，评价目标不清晰也反映在对于实际职业应用能力的培养关注不足。高职教育的目标之一是为学生提供与实际职业需求相匹配的语言技能，然而传统评价往往过于偏重理论知识，对于实际语境中的沟通、交际、解决问题等能力的考查相对不足。

最后，评价目标不清晰影响了评价方法和工具的选择。在目标不明确的情况下，评价方法和工具往往难以科学地反映学生的真实能力水平。传统的笔试、口试等方式往往无法全面考查学生的语言运用能力和实际综合素养，评价结果难以为教学提供有力的参考。

（二）评价内容死板

高职英语评价内容死板问题不仅体现在过于注重评价指标的完备性，更体现在评价体系的刻板和形式主义。传统的评价标准强调诸如"教学目标明确""教学进程安排合理"等方面，这虽然在一定程度上提供了教学参考框架，却也使得教学变得过于刻板和过度迎合评课标准。这一问题的核心在于，评价体系过度注重形式而忽视实质，导致教学变成了一场为了迎合标准而进行的表演。

传统评价标准对于教学过程中的各项指标的要求十分具体，如多媒体运用、板书设计等，然而这些标准的过于固定可能使得教学者在设计课堂时过于机械，失去了灵活性。教师可能会为了符合完备性的评价标准而牺牲对学生个体差异的关注，导致课堂教学难以真正满足学生的实际需求。

另外，为了达到评课标准，教师可能会过分关注营造热烈的讨论氛围，但这往往只是表面的热烈，实质上学生对知识的掌握和能力的形成可能并不理想。教学过程中，形成了一种只关注形式而忽视实质的现象，使得课堂教学成了为了完成预定目标而迎合评课标准的表演。

此外，过度强调完成预定教学目标可能使得教师无法灵活应对学生的认知能力以外的其他发展需求。教学变得过于机械，学生被动地接受和执行，而教学流程被严格掌控。在这种情况下，评价体系失去了对学生综合素养和个体发展需求的全面考量。

（三）评价方式单一

高职英语教学评价现状中的另一个问题是评价方式单一，过于依赖传统的考试评价方法。这一问题导致了学生在英语学习过程中只面对课堂测验或期末考试，评价方式的单一性限制了对学生全面素质和实际能力的深度评估。

传统的评价方式主要集中在考试上，强调学生对知识点的记忆和理解。这种单一的评价方式往往以笔试形式为主，而对于听、说、读、写、译等不同技能的考查较为有限。因此，学生在英语学习中可能更注重应付考试，而忽略了英语实际运用能力的培养。这种狭隘的评价方式并不能全面反映学生的语言能力，也无法激发学生对英语学习的兴趣。

评价方式单一还可能导致教学内容偏向应试技巧，而忽略了培养学生创新思维和实际应用英语的能力。学生可能倾向于追求临时记忆和应试技巧，而忽略了对英语深层次理解能力和实际运用能力的培养。这种状况使得教学目标过于狭隘，脱离了实际社会需要对英语人才的全面要求。

四、高职英语教学评价的原则

（一）以学生为主体原则

高职英语教学评价的第一个原则是以学生为主体。这一原则强调教学评价应该密切关注学生的需求、兴趣和个体差异，使评价真正服务于学生的全面发展。

在以学生为主体的原则下，教学评价的设计应当充分考虑学生的个体特点和学科差异。每个学生在语言学习方面都有独特的风格和节奏，因此评价方法应具有灵活性，能够适应不同学生的需求。这包括但不限于个体差异、学科偏好、学科能力等方面的因素。

此外，以学生为主体的原则也强调评价应当注重学生的参与和反馈。评价不应仅仅是对学生学习成绩的记录，更应该是一个过程，促使学生在评价中主动参与，理解自己的学习状况，并从中得到有针对性的指导。学生应被视为学习的主体，而非被动的接受者，教学评价应该为他们提供成长和改进的机会。

以学生为主体的原则还强调个性化和差异化的评价方法。不同学生在学科学习中的发展速度和方式各异，评价方法应该能够充分反映这些差异。通过差异化的评价，可以更好地满足不同学生的需求，激发他们的学习兴趣和动力。

综合来看，以学生为主体的原则是高职英语教学评价的基础，通过关注学生的个体差异、参与度和反馈，以及差异化的评价方法，可以更好地促进学生在英语学习中的全面发展。

（二）多元化原则

多元化原则是指在高职英语教学评价中，标准和方法都应该具有多样性，以更全面、准确地反映学生的学习情况和能力发展。这一原则旨在摒弃单一化的评价标准和方法，促使评价更具综合性和灵活性。

首先，多元化原则要求评价标准的多元化。传统评价体系往往依赖于固定的、单一的标准，这样的评价往往难以真实地反映学生的综合能力和实际水平。因此，在多元化原则的指导下，我们需要建立更为灵活和多样的评价标准。这包括但不限于知识掌握、语言运用、沟通能力、创新思维等方面的标准。引入多元化的评价标准，可以更全面地了解学生在不同领域的表现，使评价更具有针对性和深度。

其次，多元化原则要求评价方法的多元化。传统的考试和测验往往是主要的评价方法，但这些方法存在单一性和片面性的问题。在多元化原则的指导下，我们需要探索各种评价方法，包括但不限于项目作业、小组讨论、口头表达、实际项目等。通过多元化的评价方法，可以更好地发现学生的优势和不足，促使他们在不同层面上发展自己的能力。

在实施多元化原则时，需要教师在评价设计中充分考虑学科特点、学生需求和教学目标。例如，英语教学可以通过口头表达、听力理解、阅读能力等方面的评价来全面了解学生的语言能力。此外，还可以引入项目作业，要求学生在实际语境中运用所学知识，检验他们的实际应用能力。这种多元化的评价方式有助于培养学生的创新思维和实际应用能力，使学生更好地适应未来职业发展的需求。

综合来看，多元化原则在高职英语教学评价中的应用能够使评价更全面、灵活，更符合学科特点和学生的个体差异。通过引入多元化的评价标准和方法，我们可以更好地激发学生的学习兴趣，培养他们的多方面能力，提高教学评价的质量和有效性。

（三）真实性原则

真实性原则是指在高职英语教学评价中，评价结果应当真实反映学生的实际水平和能力，避免偏离实际情况、失真或不准确。这一原则的核心在于确保评价过程和结果具有客观性、可靠性，能够为学生提供真实有效的反馈，帮助他们更好地发展和进步。

首先，真实性原则强调评价过程的客观性。评价过程中的主观因素容易引发评价的不客观性，为了确保评价的真实性，教师在设计评价任务和标准时应当客观中立，避免受到个人喜好、主观情感等因素的干扰。这意味着评价标准和评分体系应当具有明确性、公正性，以确保每位学生在相同条件下都能获得公正的评价。

其次，真实性原则注重评价结果的可靠性。评价结果应当是稳定和可信的，不受随机因素的影响。为了保证评价结果的可靠性，可以采用多次评价、多种评价方法相结合的方式，减少因为单一评价而引起的误差。此外，评价工具的设计和使用也需要经过充分的验证和调试，确保其能够稳定地反映学生的实际水平。

在实施真实性原则时，教师可以通过多样的评价工具，如考试、作业、项目等，来全面、综合地了解学生在不同方面的表现。例如，在英语口语评价中，可以采用实际对话、演讲等方式，使评价更加贴近实际语境，真实地反映学生的口语表达能力。同时，适度引入自评和同学互评，使评价结果更具客观性和真实性。

真实性原则在高职英语教学评价中是至关重要的，它确保了评价的公正、客观和可靠，有助于为学生提供准确的反馈，引导他们更有效地学习和提升英语能力。通过遵循真实性原则，可以构建一个更为科学和有效的教学评价体系。

（四）情感性原则

情感性原则在高职英语教学评价中强调在评价过程中充分考虑学生的情感体验和情感发展，使评价不仅关注学科知识和技能的掌握，更关注学生的情感态度、动机和情感素养的培养。通过在评价中融入情感性原则，可以促进学生的全面发展，提高学习动力，增强学习兴趣，培养积极向上的情感体验。

首先，情感性原则强调关注学生的情感态度。在评价过程中，教师应当关注学生对学科内容的情感态度，了解他们对英语学习的喜好、厌恶、兴趣等方面的情感体验。通过了解学生的情感态度，教师可以更有针对性地调整教学策略，激发学生学习的积极性。

其次，情感性原则注重培养学生的学习动机。教师在评价中可以通过关注学生的学习动机，了解他们学习的目的、动力和期望。通过正向激励和个性化的评价反馈，帮助学生建立积极的学习动机，增强对英语学习的主动性和积极性。

另外，情感性原则关注培养学生的情感素养。学习英语学科不仅是学习知识和技能的过程，更是情感素养的培养过程。在评价中，教师可以通过考查学生的团队协作能力、沟通表达能力等方面，促进学生情感素养的全面发展。通过培养学生的社交技能、合作精神等，使他们在英语学习中既能表现出学科素养，又能体现积极向上的情感特质。

在实施情感性原则时，教师可以采用多样的评价方法，如小组讨论、情感日记、自我评价等方式，了解学生的情感体验和发展情况。同时，教师的评价反馈也应当注重温暖、鼓励、关怀，激发学生的学习热情，帮助他们树立正确的学习态度。

(五)科学化原则

科学化原则在高职英语教学评价中强调以科学的态度制定评价方案和建立评价标准,同时借助科学技术手段,如人工智能等,参与评价过程,以提高评价的客观性、准确性和科学性。

首先,科学化原则要求教师在制定评价方案和建立评价标准时采用科学的方法。这包括明确评价的目标和内容,确保评价指标具有科学性和实际性。教师需要根据学科特点和学生需求,科学地设计评价方案,确保评价过程能够全面、准确地反映学生在英语学科中的表现。

其次,科学化原则倡导使用科技手段参与评价。人工智能等现代科技手段在教学评价中的应用可以提高评价的客观性和效率。通过人工智能技术,可以对学生的语言能力、听说读写等多个方面进行全面、精准的评估,减轻教师的负担,提高评价的科学性。

最后,科学化原则还强调数据的收集和分析。通过科学手段收集学生在学科中的学习数据,分析学生的学习情况,为个性化教学提供有力支持。这种数据驱动的评价方式有助于更全面地了解学生的学科水平,为教师调整教学策略提供科学依据。

在实施科学化原则时,教师需要保证评价标准的科学性和客观性,不受主观情感的干扰,真实反映学生在英语学科中的实际水平。同时,科技手段的应用需要结合实际情况,确保评价过程既科学又实用。

第二节 基于人工智能的教学评价体系构建

一、人工智能在教学评价中的优势

(一)依托大数据增强了评价的真实可靠性

人工智能在教学评价中的优势之一是其依托大数据,增强了评价的真实可靠性。大数据技术的应用使得教学评价不再局限于有限的样本和片段,而是能够收集、分析大规模的学生学习数据，为评价提供更全面、客观的依据。

首先，大数据技术能够全面收集学生学习过程中的各种信息。传统的评价方法可能只能从有限的考试和作业中获取信息，而人工智能系统通过收集学生在学习平台上的各种行为数据，如点击、浏览、回答问题等，能够更全面地了解学生在学科学习中的表现。这种全方位的信息收集有助于建立更准确的学生学业档案，为评价提供更为细致的数据支持。

其次，大数据分析可以深入挖掘学生的学习特点和规律。人工智能系统通过对大量学生数据的分析，能够发现学生学科学习中的潜在规律，包括学习的时段、偏好的学习方式、常犯的错误类型等。这样的深度挖掘有助于更好地理解学生的学科学习过程，为个性化的教学提供有力支持。

再次，大数据的应用可以实现实时的、动态的评价。传统的评价可能只能在特定时间点进行，而人工智能系统通过实时分析学生的学习行为，能够在学习过程中随时提供反馈。这种实时性的评价有助于及时发现学生的学习问题，及时调整教学策略，提高教学的灵活性和针对性。

最后，大数据分析可以进行跨学科的综合评价。人工智能系统可以整合学生在多个学科中的表现数据，进行跨学科的综合评价。这种跨学科的综合评价有助于更全面地了解学生的综合能力，促进跨学科知识的整合和运用。

综上所述，人工智能技术在教学评价中依托大数据的优势在于全面捕捉学生学习过程中的各种信息，深入挖掘学生的学习特点和规律，实现实时的、动态的评价，以及进行跨学科的综合评价。这些优势为教育领域提供了更为科学、精准的评价手段，有望提高教学质量、促进个性化教育的发展。

（二）多样的评价方式增加了评价的准确性

人工智能技术在教学评价中提供的多样评价方式确实在很大程度上增加了评价的准确性。传统的评价方式受到主观因素的影响，容易出现评分不公平、不客观的情况。而人工智能技术通过语言模型的评估、情感分析、自动批改等多样化手段，为评价引入了更多客观的元素。

首先，语言模型的评估能够更准确地分析学生的语言运用能力。通过对学生的书面表达进行语言模型分析，系统可以更全面地了解学生在词汇运用、语法结构和篇章组织等方面的表现，避免了传统评价中可能存在的主观评分偏差。

其次，情感分析的引入使得评价更具深度和全面性。人工智能技术可以分析学生在学习中表现出的情感状态，包括兴奋、沮丧、焦虑等。这有助于教育者更好地了解学生的学习体验，从而更有针对性地进行教学调整和辅导。

此外，自动批改技术的运用也是人工智能多样评价方式的一部分。通过自动批改，系统能够更迅速、更客观地评估学生在作业和考试中的答案，减少了人为评分的时间和主观性，提高了评价的准确性。

这种多样评价方式的引入不仅能够更好地把握学生的学科能力，也有助于更全面地了解学生在学习中的态度、情感和动机。通过对这些多元数据的综合分析，评价系统可以为教育者提供更全面、准确的反馈，为教学调整和个性化教学提供科学依据。

（三）可视化的结果增加了评价的直观性

可视化结果的引入是人工智能技术在教学评价中的又一优势，它增加了评价的直观性，使得教育者和学生更容易理解和应用评价结果。

首先，通过可视化呈现评价结果，将抽象的数据以图表、图形等形式直观展示，使得评价结果更容易被理解。学生和教育者可以通过直观的可视化图表迅速了解学科能力的分布、成绩趋势、强项和弱项等信息。这样的直观呈现避免了烦琐的数据分析，使评价结果更加易于理解。

其次，可视化结果为学生提供了自我监控和反馈的机会。通过直观的图表，学生可以清晰地看到自己在各个学科能力上的表现情况，识别出自己的优势和不足。这有助于学生更自觉地认知到自己的学科水平，促使他们主动进行学科能力的提升和弱项改进。

另外，对于教育者而言，可视化结果也使得他们更容易把握学生整体表现和班级整体情况。通过图表的形式，教育者可以一目了然地了解班级内学科能力的分布状况，及时发现普遍存在的问题，从而有针对性地进行课程调整和教学改进。

最重要的是，可视化结果为教育者提供了教学的科学依据，更好地指导个性化教学。通过直观的图表，教育者可以根据学生的个体差异，有针对性地制订教学计划，满足不同学生的学科需求，实现更加个性化的教学。

二、基于人工智能的高职英语教学评价体系构建

（一）学生作为教学评价的主体

在构建基于人工智能的高职英语教学评价体系时，我们应当突破传统的教学评价范式，将学生作为评价的主体，充分发挥他们的能动性。传统上，教学评价主要由教师和教学管理者参与，而在新的评价体系中，学生将成为至关重要的评价主体。这一转变旨在激发学生自我监控、自我测试和自我反思的积极性，促使他们更深入地审视自己对新知识的建构过程及成效。学生的自我评价不仅有助于教师更全面地了解学生的学习状况，同时为学生提供了一个有益的自我认知和成长的机会。

在新的评价体系中，同伴评价也将得到积极的实施。由于高职学生正处于认知度及价值感高度发展的阶段，同伴评价可以促进个体认知的发展。通过评价同伴的作品，学生可以获得启示，也能够通过评价意识到自己的问题，并在以后的学习中加以改正。这一过程培养了学生的批判性思维，使他们能够更全面地认识到自己的优点和缺点。在同伴评价模式中，评价不再是个体的竞争，而是团队的合作，有利于营造团队合作氛围，推动集体学习和共同成长。

然而，在人工智能背景下，教师的角色仍然不可或缺。教师可以观察并记录学生的网络学习档案，通过面授的方式对学生的学习情况进行指导，并及时对学生的学习态度、学习过程和学习效果进行评价。教师在教学中要发挥引导和监督的作用，通过及时的反馈帮助学生更好地掌握知识。同时，教师也可以利用人工智能平台提供的数据进行更深入的分析和评价，了解学生在学科能力上的表现，有针对性地进行个性化的教学。通过这样的数据分析，教师能够更好地调整和修订所设计的教学材料，提升教学效果。

除了对学生的评价，教师还可以通过平台上的数据对试卷进行更精细的分析和评价。这有助于教师全面了解试卷的有效度，从而不断优化教学材料，提高教学质量。这一过程不仅为教师积累了教育教学经验，也为进一步推进大学英语教学改革奠定了坚实的基础。

（二）形成性评价作为教学评价的主要形式

在人工智能时代，形成性评价成为教学评价的主要方式之一。借助人工智

能的灵活性和多样性，形成性评价应当采用多种手段相结合的方式，以更全面、客观地评价学生的学习表现。

首先，建立学习进程记录系统。这一记录系统应包括学习时间、内容、形式和效果等信息，并允许学生进行自我评价和同伴评价。学习记录的实时更新和评价结果的记录为及时反馈提供了依据，帮助学生更好地了解自己的学习状态并进行调整。同时，高职英语人工智能系统的建设也至关重要，它不仅能够帮助学生进行学习，还可以记录学生的学习情况，从而构建起全方位的教学评价系统。

其次，建立正向激励机制。教师可以依托人工智能学习系统设定以能力为中心的任务模块，让学生自主选择并完成任务，并通过系统记录学生的任务完成情况。为确保任务顺利进行，可以设置任务完成数量的下限，以确保学生在学习动力不足的情况下依然能够完成最低要求的学习任务。任务模块的设计应考虑学生的学习需求和特点，保证内容丰富多样。此外，设置选做模块并采取奖励政策也是一种有效的激励方式，可以将外部激励转化为学生内部的学习动力。

再次，建立语言技能测试记录。这一记录不仅能够帮助学生了解自己的语言技能发展情况，还能够让学生对比起始阶段和现阶段的学习成果，发现技能的提升和变化。针对英语教学，语言技能的测试应该是必要的，分项测试能够更好地评估学生的语言能力。例如，人工智能语言测试可以引入国际化的考核内容和标准，让学生自主选择测试方向，包括学术化倾向和职业化倾向等。对于语言输出技能的测试，尤其是口语和写作能力，教师需要设计多种评价形式，例如录音或在线对话等，以全面地评价学生的语言水平。

综上所述，基于人工智能的高职英语教学评价体系应该是多元、灵活且全面的。通过建立学习进程记录、建立正向激励机制和建立语言技能测试记录等方式，可以更好地发挥人工智能在教学评价中的作用，推动学生的全面发展，提升教学效果。

（三）利用人工智能技术搭建语料库，实现评价反馈

在当前人工智能时代，搭建教学评价语料库并利用人工智能技术实现评价反馈是推动教育领域变革的一项创新性举措。这一过程旨在充分利用先进的技

术手段，提高评价的全面性、及时性和个性化，从而促进学生的个性发展、教学质量的提升以及教师教学策略的精准调整。

通过人工智能技术搭建教学评价语料库，可以实现多方面数据的整合和存储，包括学生的网络任务完成情况、语言技能测试结果、自我评价和同伴评价等。通过整合这些数据，教学评价语料库成为一个丰富而全面的信息储备，为评价和反馈提供了数据基础。

人工智能技术在语料库的利用上具有很大的优势。通过自然语言处理、机器学习等技术，系统可以对学生的表现进行深入分析。比如，语言技能测试的结果可以通过人工智能模型进行准确的评估，网络任务完成情况可以通过算法进行量化分析，学生的自我评价和同伴评价也可以通过情感分析等方法进行客观评价。这样的技术支持使得评价更加准确、客观，有助于挖掘学生的学习潜能和问题，为个性化教学提供科学依据。

人工智能技术还可以实现评价反馈的自动化和及时性。通过设定智能算法，系统可以自动对学生的表现进行评估，快速生成评价结果。这使得评价反馈能够在学习过程中实时进行，帮助学生更迅速地了解自己的优势和不足。同时，教师也能够及时获取学生的学习状态，为教学调整提供及时的依据。

最重要的是，人工智能技术的引入实现了教学评价的个性化。通过深度学习和算法模型，系统可以更好地了解学生的个体差异，为每个学生提供个性化的评价和反馈。这不仅能够更好地满足学生的学习需求，还能够激发学生的学习兴趣，提高学习动力。

三、高职英语评价体系各指标介绍

基于人工智能的高职英语评价体系涵盖多个指标，这些指标反映了学生在英语学科中的各方面表现。以下是评价体系中的各指标介绍。

（一）语言能力评估

听力技能：通过人工智能语音识别技术，对学生在听力方面的表现进行评估，包括对不同口音和语速的理解能力。

口语表达：利用语音识别和自然语言处理技术，对学生的口语表达能力进行评估，包括语法准确性、流利度和发音准确性等。

阅读理解：基于机器学习和自然语言处理技术，对学生在阅读理解方面的能力进行综合评估，包括对文章主旨、细节和推理的理解能力。

写作能力：利用自然语言处理技术，对学生的写作水平进行评估，包括语法结构、篇章结构和表达清晰度等。

（二）学科知识评估

语法与词汇：利用自然语言处理技术，对学生在语法和词汇方面的掌握情况进行评估，包括语法结构的正确运用情况和词汇量的丰富程度。

专业术语应用：针对高职专业英语，通过专业领域词汇和术语的测试，评估学生在专业英语方面的应用水平。

（三）学习行为与动机

学习时间与频率：利用大数据分析技术，跟踪学生的学习时间和学习频率，评估其学习的主动性和持续性。

学习动机：通过问卷调查和情感分析技术，了解学生学习英语的动机，包括兴趣、目标和对英语学习的态度。

（四）学科交互与合作

虚拟语言交流平台评估：利用虚拟语言交流平台，对学生在模拟真实场景中的口语交流和合作能力进行评估。

同伴评价：引入同伴评价机制，通过学生互相评价的方式，了解学生在团队合作中的表现，促进学科交互与合作。

（五）反馈与个性化支持

个性化学习支持：利用机器学习技术，根据学生的学习历史和表现，提供个性化的学习建议和支持，以满足学生的个体差异。

教学反馈：通过系统生成的智能反馈，帮助学生了解自己的学习状况，指导学生改进学习方法和策略。

以上指标的综合评估将构建一个多维度、全面的高职英语评价体系，通过人工智能技术的应用，实现对学生在听、说、读、写等多个方面的准确、客观、个性化的评估，为教学提供科学依据和精准指导。

第三节　人工智能技术在考试中的应用研究

一、人工智能技术在考试中的优势

人工智能技术在考试中的应用具有诸多优势，对于提高评分效率、减少评分偏差、优化评卷流程以及增强评分准确性等方面都起到了积极作用。

（一）提高评分效率

人工智能评分技术在提高评分效率方面发挥了显著作用。首先，通过人工智能技术的自动化处理，试卷可以迅速被扫描、识别、分析，实现对试卷的大规模快速评分。传统的人工阅卷方式往往需要大量的人力和时间，而人工智能评分能够在极短的时间内完成对大量试卷的评分工作，极大地提高了评分的效率。

人工智能评分技术具备并行处理的能力，即同时处理多份试卷，不受时间和空间限制。这种并行处理能力使得评分系统可以更加高效地应对大规模考试，确保在短时间内完成评分任务。因此，通过人工智能评分技术，教育机构可以更迅速、准确地获取考生的成绩信息，为及时的成绩反馈提供了有力支持。

（二）减少评分偏差

在减少评分偏差方面，人工智能评分技术通过建立明确的评分标准和算法，实现了客观、公正的评分。传统的人工阅卷方式容易受到主观因素的干扰，不同评卷人员可能对同一份答卷有不同的评价，造成评分偏差。而人工智能评分采用先进的算法，以事先设定的标准为基础，对答卷进行客观而一致的评价，减少了主观因素对评分结果的干扰。

此外，人工智能评分技术还能通过大数据分析，综合考虑大量样本的评分情况，进一步提高评分的客观性和一致性。这种方式能够消除个别评分者的主观差异，使得评分结果更加公正可靠。

（三）优化评卷流程

人工智能评分技术的应用在很大程度上优化了评卷流程。传统的手工评卷过程存在烦琐和耗时的问题，而智能化评分系统通过自动化处理，实现了对试卷的快速扫描、识别和分析。这种高效的处理方式使得评卷流程更加迅速、便捷。教育机构和考试管理者可以大大缩短评卷周期，提高评卷效率，确保考试成绩的及时反馈。

（四）增强评分准确性

人工智能评分技术在增强评分准确性方面发挥了关键作用。通过机器学习和深度学习等技术，人工智能评分系统能够不断优化自身的评分模型。系统可以分析大量的试卷样本，学习各种语法、逻辑和表达的模式，使其评分更具精准性和敏感性。

人工智能评分系统能够全面考量试卷中的各个方面，细致入微地评估学生的表达能力、论述逻辑、语法准确性等要素。与传统评分方式相比，人工智能评分系统更具客观性，不受主观意识和情绪因素的干扰，确保评分结果更为公正准确。这提高了评估的科学性和客观性，对于学生的考试结果具有重要意义。

（五）及时发现异常试卷

人工智能评分技术在评卷过程中具有及时发现异常试卷的能力，这对于提高评分的整体质量和可信度至关重要。以下是人工智能评分系统在及时发现异常试卷方面的优势。

1. 检测雷同答案

通过比对大量试卷数据，人工智能评分系统能够迅速识别雷同答案的情况。如果多份试卷中的答案高度相似，系统会自动标记这些试卷，提醒评卷人员进行详细检查。这有效防范了学生抄袭作业或在考试中使用相似答案的行为。

2. 识别作弊行为

利用人工智能技术，系统可以分析考生在答卷过程中的行为，例如监测考试环境中是否存在异常行为，如使用手机、与他人交流等。异常行为的发现有助于及时发现潜在的作弊行为，为评卷提供更可靠的基础。

3. 异常分数的自动标记

人工智能评分系统能够识别分数分布中的异常情况。如果某个学生的分数明显偏离整体分布，系统会发出警示，引起评卷人员的重视，从而避免由于数据录入错误或其他原因导致的异常评分情况。

4. 自动质检机制

人工智能评分系统可以建立自动质检机制，对评分结果进行检查。这包括对异常试卷的进一步分析，确保评分的准确性和一致性。这种机制提高了评分的整体质量，减少了因人为因素引起的错误。

通过及时发现异常试卷，人工智能评分技术提升了评卷的整体质量，保障了考试评价的公正性和客观性。这对于教育考试制度的完善和提高评估的科学性都具有积极意义。

综上所述，人工智能技术在考试评测中的应用，使评分工作更加高效、准确、公正和可靠，极大地提升了考试评价的水平和效能，为教育评估提供了强有力的支持。目前，人工智能技术在各地中考、高考、CET等多种类型的考试以及模拟考试中进行的辅助评卷应用验证，均取得了良好的效果。随着人工智能技术的不断发展和完善，相信在未来，人工智能技术将在考试评测领域发挥更加重要的作用，为教育行业带来更多的创新和进步。

二、人工智能技术在考试中的应用

（一）考试命题

人工智能技术在教育领域的应用崭露头角，其中考试命题和试卷设计是受益匪浅的两个领域。考试作为对学生学习成果的重要检验方式，是推动学生反思和提高的有效途径。然而，考试的质量很大程度上依赖于试卷的设计，而试卷的空间有限，因此如何在有限的篇幅内合理安排各个知识点的内容就显得尤为关键。人工智能技术通过深度学习的强大能力，展现出了惊人的潜力，为教育领域带来了全新的可能性。

在教育考试中，题库的建设被认为是命题的重要辅助工具。不仅具备试题管理和组卷的功能，更重要的是它能够收集大量的测试数据，并对这些数据进行统计与分析，以发现试题编制、教学过程以及学生学习中存在的问题。题库的建设将引起命题模式和工作方式的变革，推动教育考试的标准化，并有助于推进考生能力评价模式的改革，从而促进教育考试的创新发展。

题库建设涉及一系列关键问题，包括题目的命制、筛选、分类和管理，以及试卷的组成、实施、评分和评价等。随着人工智能技术的不断进步，它在试题难度预测和等级处理方面发挥着越来越重要的作用。

试题难度预测的技术路线主要有两个方向：人工特征工程和深度学习方案。人工特征工程通过设定难度相关特征的计算规则，从试题中抽取这些特征，直接进行难度预测；而深度学习方案则通过深层神经网络自动从试题中抽取与难度相关的特征，并进行难度预测。这两种方案各有利弊，深度学习方案需要大量的考试数据支持，但随着数据量的增加，其性能优势将逐渐显现。

深度学习在教育领域的突破得益于其循环神经网络的注意力模型机制算法。该算法赋予了神经网络在决策阶段选择有用信息、忽略无关信息的能力，类似于人类在学习过程中集中注意力的能力。在试题难度预测中，神经网络能够准确地找到与题目相关的内容，这种功能正是通过注意力机制实现的。然而，为了使神经网络准确地学习这一机制，不仅需要大量数据支持，还需要设计精密的网络结构。

举例来说，在英语考试中，人工智能技术可以分解英语文章和语句，提取题目的语义特点并进行总结，通过神经网络预测题目的正确答案，建立相应的英语试卷模型，从而对试卷的命题难度进行判断，进一步完善试卷的命题类型和知识覆盖范围。例如，在一篇文章中，神经网络可以注意到关键词和句子结构，从而预测出与文章内容相关的问题。这种智能化的试卷设计有望提高英语考试的质量，使其更贴近学生实际学习需求。

总体而言，人工智能技术在教育考试领域的应用为试卷设计和命题带来了新的思路和方法。通过利用深度学习算法，特别是注意力模型机制，可以更准确地预测试题难度，提高试卷的质量。在题库建设方面，人工智能技术也能够为教师提供有益的优化建议和模板选择，推动教育考试的标准化和创新。这一发展趋势将有助于提高学业水平考试的命题理论和技术水平，为教育体系的长期发展带来积极的影响。

（二）听说考试

听力与口语考试是语言能力评估中至关重要的组成部分。随着科技的不断进步，人工智能技术为听说考试评估带来了显著的创新。

1.考试对考生的答题录音进行采集

在传统的听力与口语考试中，考生通常需要通过语音回答问题或进行口语表达。为了更好地对这些答题录音进行采集，人工智能技术发挥了重要作用。

（1）智能音质检测技术

智能音质检测技术被引入以确保在复杂多变的考场环境中，能够获取清晰完整的考生答题录音。这项技术能够实时监测考生的语音数据，并确保录音的物理参数，如音量、信噪比等，符合要求。这不仅有助于应对异常情况（如停电、死机、噪声过大等），而且在录音不完整或音质差的情况下，系统能够实时预警，使监考老师能够迅速处理问题，确保录音的质量。

（2）实时监测和预警机制

为了保证采集的录音数据的准确性，系统需要设计实时监测和预警机制。通过应用智能音质检测技术，系统能够在考试过程中对考生的语音数据进行实时监测，以确保录音数据的物理参数符合规定。一旦检测到异常，系统会立即发出预警，通知监考老师采取相应的措施，如重新安排考试或提醒考生重新作答。

2.利用人工智能技术实现自动评分

传统的口语评分往往依赖于人工评价，这不仅费时费力，而且可能存在主观性和不一致性。引入人工智能技术后，可以实现口语考试的自动评分，提高评分效率和客观性。

（1）智能口语评测技术

智能口语评测技术是实现自动评分的关键。该技术通过从考生语音数据中提取多方面的物理特征，如发音标准程度、语速、正确性、语气语调等，进行全面评估。与此同时，分析实际环境中的噪声对这些物理特征的影响，采用规整化处理方法建立噪声干扰的补偿机制，提高评分的准确性和稳定性。

（2）大数据和机器学习训练

为了使评分系统更加智能化，需要大量的语音数据用于训练计算机系统。这些数据由人工专家进行详细标注，涵盖了不同水平和各种语音表现。通过机器学习算法，系统能够学习和理解语音数据的模式，建立物理特征与人工专家评测的高精度映射模型。这样的训练使计算机系统能够更好地模拟人类评分过程，实现自动评分的目标。

通过以上技术的综合应用，人工智能技术在听力与口语考试中的作用得以充分发挥。在答题录音的采集方面，智能音质检测技术确保了录音数据的清晰完整，而在自动评分方面，智能口语评测技术则提高了评分的客观性和效率。这种创新性的应用不仅能够降低人工成本，提升考试组织的效率，同时为语言教育领域带来了更为便捷和准确的评估方式。

（三）主观题评卷

智能评卷技术的崭新应用为教育评价领域带来了深远的变革。通过精准的图文识别和文本检索技术，不仅能够在海量考生样本中迅速找出与目标文本相似的作答片段，提高规范性检测的准确性，也能为评卷员提供强有力的辅助，例如，标注特殊作答、疑似套作、疑似雷同等样本，助力提升人工评卷的准确性和公平性。

一方面，智能评卷系统具备类专家评分标准，可以在全局上作为一评参考分，从而有效地保证人工评分的质量。这种智能评卷系统在全局评价中充当"类专家"角色，为各类考试提供了可靠的评分依据。另一方面，在验证有效性的前提下，该系统可作为某些考试或分数段的"二评"，逐步替代多评情况下的人工二评甚至最终评，从而节省人力资源，缓解评卷员短时间内高强度的工作压力。这种人机结合的智能评卷方式不仅有效优化了配置人力投入成本，也确保了评分效果的进一步提升。

智能评卷技术不仅仅局限于图文识别，同时对于空白答卷、异常答卷的检测也提供了全新的质检校验评分合理性的手段。通过快速提取并标注特殊作答情况，系统为评卷员提供了更为精准的辅助信息，促进了评卷过程中的审慎与公正。

值得一提的是，智能评卷技术并非停留在理论层面，而是已经在实际应用中取得了显著的成果。通过在大学英语四级、六级、高考、中考等不同考试数据上进行试验，研究结果表明，计算机在中文考试以及英文考试的主观题（包括作文）评分方面已达到现场评卷教师的水平，可满足大规模考试的实际需求。

此外，智能评卷系统不仅是一台简单的"评分机器"，它还具备多维度的能力，包括语法、用词、内容表达等方面的诊断分析。这使得系统能够为学生提供详尽的反馈报告，不仅有助于日常学习，也满足了学生不断提升自己的需求。

总体而言，智能评卷技术的应用将评卷过程推向了一个全新的高度。通过人机结合，这项技术为教育评价领域注入了新的活力，不仅提高了评分效率，也确保了评分的客观性和准确性，为未来教育领域的发展带来了无限可能。

（四）考务管理

人工智能技术在考务管理中的应用为整个考试过程带来了智能化和高效性的变革。从考试筹备、监考管理到评卷等方面，人工智能技术都发挥着重要作用，提高了考务管理的效率和准确性。

1. 考试筹备阶段

（1）题目制定

通过对历年试题、考生表现以及教学大纲的深度分析，人工智能技术能够识别出各个知识点的覆盖情况、考查频率以及考生在这些知识点上的表现情况。这样的综合分析为智能化的题目制定提供了宝贵的参考信息。通过算法模型，人工智能系统能够生成具有一定难度和多样性的试题，确保试卷全面涵盖各个知识领域，从而更具针对性和公平性。这种个性化的题目设计有助于满足不同层次学生的需求，推动考试评价更贴近教育教学实际。

（2）试卷生成

通过强大的算法和数据分析能力，人工智能技术可以自动生成试卷，确保试卷在题型、难易度等方面的平衡。这有助于避免传统手工制卷中可能出现的主观偏好和不均衡问题。人工智能系统可以考虑到各个知识点的权重，根据教学大纲和考试要求，精准地生成试卷，使得试题更具科学性和客观性。同时，智能生成试卷的速度远远超过了传统手工制卷的速度，为教育机构提供了更灵活、高效的试卷生成方式。

2. 考场监考管理

（1）人脸识别技术

通过这项技术，考试机构可以事先录入考生的面部信息，并在考场入口处设置人脸识别设备。当考生进入考场时，系统通过摄像头捕捉考生的面部特征，进行实时比对以确认身份的准确性。这有效地防范了替考行为，提高了考试的安全性和公平性。人脸识别技术快速、准确的特点使得监考人员能够迅速辨认考生身份，减少了可能的作弊行为。

（2）监控摄像头分析

监控摄像头分析系统通过深度学习和视频分析技术，能够识别考场内的动态变化，并对异常行为进行实时监测。例如，系统可以检测考生是否在考试过程中使用通信工具、查阅禁止查阅的资料等。一旦发现异常行为，监控系统会立即发出警报，使监考人员能够迅速采取必要的措施，维护考场的秩序和公平性。这种实时监测的方式不仅提高了监考效果，也为防范作弊行为提供了有力支持。

3. 智能评卷

（1）自动评分系统

通过结合自然语言处理技术和机器学习技术，实现对客观题和主观题的自动评分。对于客观题，系统能够快速而准确地分析考生的答案，根据标准答案进行评分，从而提高评分效率，减轻评卷人员的负担。对于主观题，系统通过学习大量标注好的样本，建立起对于各种答案的评分模型，使得评分更加客观、公正。这种自动评分系统不仅提高了评卷速度，还有效规避了可能存在的主观评分偏差，确保了评分的一致性和公平性。

（2）作弊检测

系统通过检测异常模式、比对大量历史数据，识别可能的抄袭和作弊行为。例如，系统通过分析考生的答卷模式、用词习惯，以及答案的相似度，从而发现可能存在的抄袭情况。这种作弊检测不仅确保了评分的公正性，也提醒教育机构注意学生的诚信问题，有助于培养学生的自律和诚实态度。

4. 考试数据分析

（1）成绩统计与分析

通过强大的算法和数据处理能力，人工智能系统可以对大量考试成绩进行快速、准确的统计和分析。这包括整体考试的平均分、及格率、各科目的得分分布等多个方面。这样的分析不仅能够为学校提供全面的考试反馈，也为教育部门提供了重要的参考数据。通过深入分析成绩数据，教育决策者能够更好地了解学科教学效果、学生整体学业水平，从而调整教学策略和资源配置，提高教育质量。

（2）个性化学习建议

系统通过分析学生的考试成绩、得分模式、错误类型等信息，生成个性化的学习建议。这包括推荐特定科目或知识点的学习资源、提供专项练习题、制订学习计划等。通过这些个性化建议，学生能够更有针对性地进行学科能力提升，弥补缺失的知识。这种个性化学习支持不仅提高了学生的学业成绩，也为他们提供了更加有效的学习路径，激发学习兴趣，促进学习主动性。

5.考试安排和调度

（1）智能排课系统

通过人工智能算法规划考试时间、地点，以最大限度地优化考试安排。系统可以考虑考生的科目组合、学科难易度、考试时长等多个因素，避免考生时间冲突，充分利用考场资源，降低考试组织成本。这种系统能够在保障考生权益的同时，提高考试的效率和灵活性。通过算法的智能调度，系统可以在复杂的考试安排中找到最优解，确保每个考生都有公平的考试条件。

（2）交通与安全管理

利用智能分析技术，根据考场地理位置和考生分布，提供最佳的交通路线和安全措施。系统可以通过实时交通数据分析，为考生规划最合理的出行方案，避免交通拥堵和延误。同时，通过对考场周边环境的安全性分析，系统可以提供相应的安全措施，确保考试过程中的安全。这包括了解考场周边的治安情况、提供安全出口指引等，为考试的顺利进行提供全方位的保障。

人工智能技术在考务管理中的广泛应用不仅提高了考试的效率和安全性，还为教育部门提供了更多数据和信息，帮助制定更科学的教育政策。随着科技的不断发展，人工智能技术在考务管理中的创新应用将为教育领域带来更多的便利和可能性。

参考文献

[1] 教育部高等教育司.高职高专教育英语课程教学基本要求[M].北京：高等教育出版社，2000.

[2] 贾积有.教育技术与人工智能[M].长春：吉林大学出版社，2009：12.

[3] 李开复，王咏刚.人工智能[M].北京：文化发展出版社，2017：05.

[4] 李韧.自适应学习：人工智能时代的教育革命[M].北京：清华大学出版社，2019：01.

[5] 赵盛.高职英语教学方法与改革研究[M].长春：吉林人民出版社，2020：10.

[6] 王九程.信息化时代高职英语教学研究[M].长春：吉林人民出版社，2020：08.

[7] 杨海霞，田志雄，王慧.现代高职英语教学研究与实践探索[M].长春：吉林人民出版社，2019：11.

[8] 黄华.大数据背景下高职英语教育教学创新研究[M].长春：吉林人民出版社，2021：07.

[9] 甘文婷.人工智能应用于高职英语口语教学的教学设计研究[J].校园英语，2020（1）：62-63.

[10] 李靖怡.人工智能技术赋能下基于沉浸理论的高职英语听说教学研究[J].开封文化艺术职业学院学报，2020（7）：108-111.

[11] 杨柳.基于"AI教育技术"的高职英语课堂教学实践应用研究[J].校园英语，2019（49）：98-99.

[12] 文熹萌.基于人工智能技术的高职英语自主学习模式研究[J].英语教师，2022（18）：122-124.

[13] 张昕煜.大数据与人工智能技术在高职英语教学中的应用探究[J].海外英语，2023（5）：238-240.

[14] 刘佳. 人工智能背景下的高职英语教学研究 [J]. 海外英语，2019（13）：96-97.

[15] 汤小艳. "互联网＋"视野下人工智能在高职英语教学中的思考与探索 [J]. 现代职业教育，2019（36）：32-33.

[16] 谭妍. 人工智能背景下的高职公共英语教学改革研究 [J]. 科技创新导报，2021（11）：221-223.